U0406974

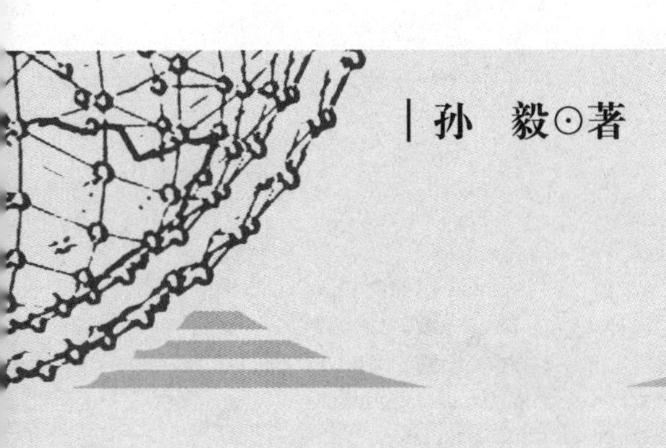

诉讼情境下民营企业的融资困境与创新绩效

| 孙　毅⊙著

清華大學出版社
北　京

内 容 简 介

随着我国法制建设的不断推进，越来越多的企业开始用法律武器维护自身的正当权益。企业涉诉的信号被释放到资本市场后会给企业带来影响。本书将公司诉讼、融资约束、企业创新置于同一个理论框架，研究了公司诉讼的经济后果与企业创新的影响路径，为提高企业创新能力、缓解融资约束问题提供了新的解决思路。

全书共分为6章。第1章对企业创新的重要性、民营企业融资的现实问题以及我国法律环境的发展现状等研究背景进行介绍。第2章对研究涉及的重要概念进行界定，并对研究的理论基础进行阐述。第3章梳理了相关文献。第4、5章对公司诉讼、融资约束与企业创新等内容展开实证分析。第6章整理研究结论，并从公司和政府的角度出发，有针对性地提出政策建议。本书适合企业管理者以及高等院校相关专业的师生阅读、使用。

图书在版编目(CIP)数据

诉讼情境下民营企业的融资困境与创新绩效/孙毅著. —北京：清华大学出版社，2022.8
(清华汇智文库)
ISBN 978-7-302-61532-3

Ⅰ. ①诉… Ⅱ. ①孙… Ⅲ. ①民营企业－上市公司－融资－研究－中国 Ⅳ. ①F279.245

中国版本图书馆CIP数据核字(2022)第144401号

责任编辑：张 伟
封面设计：汉风唐韵
责任校对：王荣静
责任印制：宋 林

出版发行：清华大学出版社
网　　址：http://www.tup.com.cn，http://www.wqbook.com
地　　址：北京清华大学学研大厦A座　　**邮　　编**：100084
社 总 机：010-83470000　　**邮　　购**：010-62786544
投稿与读者服务：010-62776969，c-service@tup.tsinghua.edu.cn
质量反馈：010-62772015，zhiliang@tup.tsinghua.edu.cn
印 装 者：小森印刷霸州有限公司
经　　销：全国新华书店
开　　本：170mm×230mm　　**印　　张**：12　　**字　　数**：171千字
版　　次：2022年8月第1版　　**印　　次**：2022年8月第1次印刷
定　　价：99.00元

产品编号：097449-01

内容摘要

Abstract

企业创新是一项重要的长期投资安排，不仅能够帮助企业培育核心竞争力，还能为企业业绩的长期稳定增长提供保障。但是对于创新而言，有两个关键的问题：其一是如何确保企业可以通过创新获取足够的经济利益以及确保企业愿意从事创新活动；其二则是如何促进企业创新。由于企业创新具有长期性的特征，故而对于企业来说稳定的外部环境是很重要的，任何外部环境的重大变化，都有可能对企业的创新活动造成显著影响。本书挑选公司诉讼风险和融资约束程度两个因素，并将分析师关注和内部控制作为内外监督机制纳入框架中，详细研究其对企业创新活动的影响。

改革开放40多年来，民营企业逐渐成为我国经济发展的重要力量，然而大部分民营企业的发展道路并不平坦，很多都面临着严重的融资约束问题。与此同时，随着我国法治进程的加快，公司诉讼案件逐年递增，诉讼常常被看作一种相对来说成本较高的相关利益者之间解决冲突的方式，是公司经营中不可不考虑的重要风险。当公司面临诉讼仲裁这样的不确定性事件时，投资者和债权人会做出不同程度的风险规避行为，在此情境下如何保证企业的正常经营、维持基本的现金流、降低企业因此造成的融资成本增加等问题，值得我们去探究。此外，如果企业面临的不确定性风险突然增加，那么管理者很可能会削减非刚性的投资，特别是研发支出，从而影响企业的创新能力。

首先，本书以信息不对称等理论为基础，从理论层面对公司诉讼、分析师关注与融资约束的关系进行推演并提出相应假设。根据假设进行实证检验，分析并验证公司诉讼对融资约束的影响，以及分析师关注是否能影响公司诉讼与融资约束之间的关系，并通过对公司信息透明度和诉讼案件的原被告进行分组检验，进一步探究分析师关注对公司诉讼与融资约束之间关系的影响路径。最终得出结论：公司诉讼会加剧民营企业的融资约束，而分析师关注能够缓解公司诉讼对融资约束产生的负面影响，起到正向积极的调节作用。此外，分析师关注对公司透明度较低、在诉讼案件中为原告方的企业发挥的调节作用更为明显。可见，分析师关注可以通过减小投资者债权人与公司之间的信息不对称程度，发挥外部治理作用，从而缓解公司诉讼对融资约束产生的负面影响。这一研究结论扩充了公司诉讼经济后果的相关文献，丰富了民营企业融资约束问题的影响因素研究，同时进一步印证了分析师关注在缓解融资约束问题中的积极作用。

其次，本书在已有研究基础上检验了公司诉讼与企业创新的相关关系，即公司诉讼是否会对企业创新产生抑制作用，进而检验融资约束在公司诉讼与企业创新关系中是否起到中介作用，即公司诉讼是否通过融资约束抑制企业创新。探究分析师关注与内部控制作为内外监督机制是否会缓解公司诉讼对企业微观行为和财务决策的消极作用。研究发现，公司诉讼作为不确定性事件，会对企业的创新活动产生消极影响；并且，公司诉讼抑制企业创新的过程中，存在着“公司诉讼—融资约束—企业创新”的传导路径，即融资约束会在公司诉讼抑制企业创新的过程中具有中介效应；分析师关注和内部控制作为企业的内外监督制度，在企业面临公司诉讼等外部不确定事件时，会起到缓解企业信息不对称程度和减缓逆向选择的作用，从而提高企业创新能力。本书通过研究公司诉讼对企业创新的影响路径，能够为提高企业创新、缓解融资约束问题提供新的解决思路，为分析师关注能够对企业的发展起到的作用增添新的证据。

最后，本书根据研究结论提出建议，希望政府能够加快落实支持民营企业创新的相关政策，创设有利于企业创新发展的外部环境；继续完善资本市场建设，推进金融创新，多样化民营企业的融资渠道，切实解决民营企业“融资难、融资贵”问题；同时提高对于企业信息披露行为的监管力度，引导企业进行高质量的信息披露；还应规范专业机构的运营，加大对违规专业机构和个人的处罚力度。同时，民营企业应当完善企业内部控制制度，重点把握创新活动的融资渠道、资本投资方向以及风险管理等问题，确保创新活动相关制度的设计和运行良好，为企业创新活动的顺利开展提供保障。此外，企业还应当遵守信息披露的相关规定，打造良好的外部信息环境，注重与利益相关者之间的关系以及自身美誉度的维护，以降低诉讼风险。最后，分析师要注重自身专业能力的培养，利用新兴技术提高专业能力与工作效率，并始终坚守职业道德，遵守法律规定与行业规范。

关键词：公司诉讼　融资约束　企业创新　分析师关注　内部控制

Abstract

Enterprise innovation is an important long-term investment arrangement, which can not only help enterprises cultivate their core competitiveness, but also provide guarantee for long-term and stable growth of performance. But there are two key issues for innovation. One is how to ensure that enterprises can obtain enough economic benefits through innovation and that enterprises are willing to engage in innovation activities; the other is how to promote enterprise innovation. Enterprise innovation usually takes a long time, so a stable external environment is very important for an enterprise. Any significant change in the external environment may have a significant impact on the innovation activities of the enterprise. This paper selects two factors, namely, the risk of corporate litigation and the degree of financing constraints, and takes internal control and analyst following as internal and external supervision mechanisms into the framework to study their impact on enterprise innovation activities in detail.

In the past 40 years of reform and opening up, private enterprises have gradually become an important force in China's economic development. However, the development path of most private enterprises is not smooth, and many of them are facing serious financing constraints. At the same time, with the acceleration of the process of rule of law in China, the number of corporate litigation cases is increasing year by year. Litigation is often regarded as a relatively high cost way to resolve conflicts between stakeholders, which is an important risk that can not be ignored in company operation. When the company is faced with uncertain events such as litigation and arbitration, investors and creditors will make different degrees of risk aversion behavior, how to ensure the normal operation of the enterprise, maintain the basic cash flow, avoid financing costs inclination caused by the enterprise, all these are worth exploring. At the same time, if the risk of uncertainty increases suddenly, managers are likely to reduce the non-rigid investment, especially R&D expenditure, which will affect the innovation ability of enterprises.

Firstly, based on the theory of information asymmetry, this paper deduces the relationship among corporate litigation, analyst following and financing constraints. And, empirical tests are carried out according to the hypothesis to analyze and verify the impact of corporate litigation on financing constraints, as well as the relationship between corporate litigation and financing constraints. Through the group test of the transparency of corporate information and the defendants of litigation cases, this paper further explores the influence path of analysts' following on the relationship between corporate litigation and financing constraints. The final conclusion is that corporate litigation will aggravate the financing constraints of private enterprises, and analysts' following can alleviate the negative impact of corporate litigation on financing constraints, and play a positive and regulatory role. In addition, analysts' following plays a more pronounced moderating role in the enterprises with low transparency and those with plaintiff in litigation cases. The research conclusion expands the relevant literature on the economic consequences of corporate litigation, enriches the research on the influencing factors of financing constraints of private enterprises, and further confirms the positive role of analysts' following in alleviating financing constraints.

Secondly, on this basis, this paper tests the relationship between corporate litigation and enterprise innovation, that is, whether corporate litigation can inhibit enterprise innovation. Then, it explores whether financing constraints play an intermediary role in the relationship between corporate litigation and enterprise innovation, and whether corporate litigation inhibits enterprise innovation through financing constraints. And then, it explores whether the internal and external supervision mechanism can alleviate the negative effect of corporate litigation on enterprises' micro behavior and financial decision-making. It is found that corporate litigation, as an uncertain event, will have a negative impact on the innovation activities of enterprises. Moreover, in the process of restraining enterprise innovation, there is a transmission path of "corporate litigation - financing constraints - enterprise innovation". That is to say, financing constraints will have an intermediary effect in the process of corporate litigation in restraining enterprise innovation. In addition, analyst following and internal control, as internal and external supervision systems of enterprises, will alleviate the degree of information asymmetry and avoid adverse selection when enterprises are faced with external uncertain time such as corporate litigation, so as to improve the innovation ability of enterprises. This paper studies the influence path of corporate litigation on enterprise innovation, provides new solutions to improve enterprise innovation and ease financing constraints, and adds new evidence for analysts' following to the role that can play in the development of enterprises.

Finally, according to the conclusions above, this paper puts forward some suggestions. It is hoped that governments and regulatory authorities can accelerate the implementation of relevant policies to support the innovation of private enterprises and create an external environment conducive to the innovation and development of enterprises. Besides, governments should continue to improve the construction of the capital market, promote financial innovation, diversify the financing channels of private enterprises, so as to effectively solve the problem of "financing difficulties and expensive financing" for private enterprises. At the same time, governments have to improve the supervision of enterprise information disclosure behavior, guide enterprises to carry out high-quality information disclosure, standardize the operation of professional institutions and increase penalties for violating professional institutions and individuals. Moreover, private enterprises should improve the internal control system of enterprises, focus on the financing channels, capital investment direction and risk management of innovative activities, ensure that the relevant systems of innovative activities are well designed and operated, and provide guarantees for the smooth development of innovative activities of enterprises. In addition, enterprises should also comply with the relevant provisions of information disclosure, create a good external information environment, and pay attention to the maintenance of relations with stakeholders and their own reputation to reduce litigation risks. Finally, analysts should pay attention to the cultivation of their own professional capabilities, use emerging technologies to improve professional capabilities and work efficiency, and always adhere to professional ethics and comply with legal regulations and industry norms.

Key words: Legal Litigation; Financing constraints; Enterprise innovation; Analyst Following; Internal control

目录

Contents

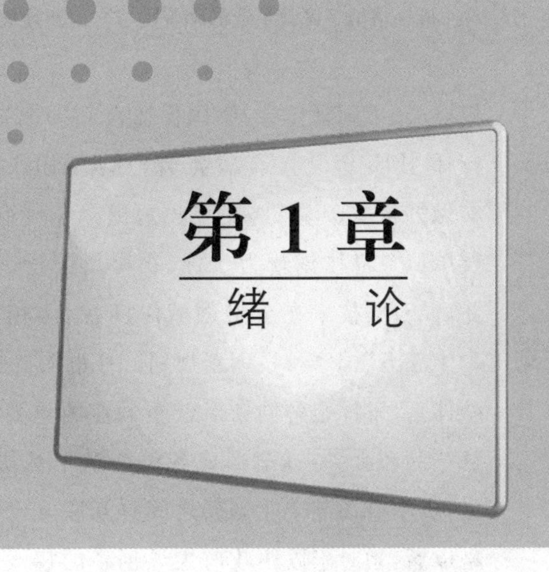

第1章 绪 论

1.1 研究背景

2015 年 3 月，中共中央、国务院发布《中共中央 国务院关于深化体制机制改革加快实施创新驱动发展战略的若干意见》，站在人类、国家和民族的高度对创新进行了评价。创新既是人类社会不断前行的驱动力，也是一个国家和民族生生不息的源动力。作为引领社会和经济发展的第一动力，创新对经济现代化发展的作用主要表现为战略性支持。资本市场越发展，就越需要更多具备较强创新能力、较高技术水平、较扎实研发实力的企业，这是促进经济高质量发展的必然要求。全球新周期下的科学技术革命和产业结构改革给资本市场带来了重大的机遇和挑战，在新常态下经济发展呈现出新的趋势变化和多元化的特点，为实现党中央“两个一百年”奋斗目标的历史任务和要求，必须通过体制机制改革的不断深化，以创新驱动发展战略的加速实施，配合资本市场助力企业创新。早在 2014 年 3 月，中国人民银行会同科技部、中国银监会、中国证监会、中国保监会和国家知识产权局，联合发布《中国人民银行 科技部 银监会 证监会 保监会 知识产权局关于大力推进体制机制创新 扎实做好科技金融服务的意见》，提出金融组织体系的培育和发展要找准定位，要以服务科技创新为目标，在科技信贷产品以及服务模式方面寻求突破创新，使科学技术在金融领域深度融合、相互支撑。而在2016年7月印发的《“十三五”国家科技创新规划》中，也明确提出要健全支持科技创新创业的金融体系，发挥金融创新对创新创业的重要助推作用，开发符合创新需求的金融产品和服务，逐渐形成各类金融工具协同融合的科技金融生态。由此可见，资本市场与企业创新之间是互联互动的，尤其是在国家提出自主创新战略以后，相对于以往政府主导创新的模式，由市场主导创新成为一个鲜明的理念转变。资本市场的快速发展在市场主导型创新变革中具有非常重要的作用，无论是创新型国家还是创新型企业，甚至是创新型企业领导者，都离不开资本市场的支持，这也对资本市场的建设提出了新的要求，在资本市场日趋完善的过程中要为企业创新发展提供保障，要为国家创新发展战略的建设添砖加瓦，要为实现中华民族的伟大复兴作出贡献。

资本市场的发展或者说是逐步完善，表现为能够有效地发挥其基本功能的作用，即有效发挥其资源配置作用，有效拓宽企业的融资渠道、丰富企业的融资方式，有效促进产业结构升级优化。创新企业是集资本、科技和智力资源为一体的实体，处于不同生命周期阶段的创新企业对资金的需求存在较大的差异，这也就要求资本市场能够为不同阶段的创新企业给予特定支持，提供创新企业所需要的具有综合性和全生命周期特点的金融服务，从而维持创新对经济发展的重要驱动优势。企业进行创新是一个漫长的过程，需要持续不断地注入资金，且伴随着极大的不确定性，传统的金融服务出于风险规避的考虑，并不能给创新企业提供有力的资金支持。不过，随着资本市场的不断完善，“风险共担、利益共享”机制的出现有效缓解了创新企业的融资困境，从而改善了创新企业的资本结构，使创新资本在创新实体中能够快速形成并在实体的循环中流通。此外，资本市场的重组并购功能和定价机制也为创新企业提供了更好的发展契机。优质企业强强联合、优质资源得到优化配置，达到“1+1>2”的效果，为创新企业（包括重组后的创新企业）提供更大的发展空间，继而影响到整个产业或行业的发展进程。除了直接的资金支持，作为企业公司治理的外生变量，资本市场的发展越稳健，对企业公司治理水平的正向作用就越强。尤其是对于已上市的创新企业，资本市场对于科技创新的支持，能够促进企业在治理机制、信息披露、股权安排以及激励机制等方面得到改善，缓解企业的代理问题、降低其代理成本，提升企业治理水平和管理效率，促进全员共识的达成，即企业创新为利益共同体服务，能够有效提升企业的经济效益、促进企业的价值增值，从而培养创新的企业文化，助力公司的可持续发展。

在21世纪的前20年中，中国科技创新的成就举世瞩目，极大地增强了民族自信心和自豪感。我们不仅见证了从神舟载人航天到“嫦娥”成功奔月的举国同庆，也见证了国防力量从“歼-10”到“歼-20”的激动人心。辽宁号的顺利下水、国产大飞机C919的成功首飞、高铁技术的不断进步以及量子科技的全球领先都彰显了我国的综合创新能力，极大地提高了我国的国际地位。2021年，我国创新指数的全球排名已上升至第12位，世界知识产权组织高度评价了我国在创新方面所取得的成就，国家科技发展的日新月异和取得的一系列创新成果值得全体国民感到自豪和骄傲。党的十八大以来，国家高度重视企业创新发展，强调要提升企业的技术创新能力，强化企业的创新主体地位，要通过高新技术创新为产业升级赋能，推动我国经济高质量发展。目前，我国企业创新规模和多样性显著提高，研发投入持续增长，创新产出量质齐升。然而，与瑞士、美国等创新型发达国家相比，我国企业的整体创新水平仍存在很大的进步空间，企业创新带来的经济效益提升不够显著，科技成果转化率较低，企业创新活力仍需进一步提升。

作为推动经济发展中坚力量的广大企业，应当在时代浪潮中尽全力释放创新能量。一方面，国家的创新发展需要举国之力，不仅离不开科研院所的刻苦钻研，更离不开广大企业尤其是民营企业的积极参与，企业将资源和精力向创新投资进行倾斜，将科技优势转化为经济优势，方能逐步实现“科技改变生活”，促进我国成为科技强国的目标。另一方面，企业想要在激烈的市场竞争中存活得体面、发展得长久，就必须不断地推陈出新，通过技术创新以及产品和服务的更新换代，提高自身的核心竞争力，从而获取更大的市场份额、提高市场占有率，进而带动行业发展，促进经济的稳健增长，发挥其作为创新投资主体对自身、对国家宏观经济发展的积极意义。

在竞争激烈、风口转瞬即逝的现代商业社会，一家企业想要先人一步把握良机获得发展，不仅需要经年累月的资本积累，更需要积极寻求外部融资的支持。除却把握投资机会不谈，很多企业在自有资源不足以支撑其维系正常的生产经营活动时，也需要外部资金的帮衬，方能续命。可以说，企业的基本生存和进一步发展，都离不开外部融资的支持。然而，大部分企业都面临着不同程度的“融资难、融资贵”问题，其中，尤以民营企业的融资问题最受关注。

2019 年 3 月，习近平总书记在参加中华人民共和国第十三届全国人民代表大会第二次会议福建代表团审议时指出，要坚持“两个毫不动摇”，即“毫不动摇巩固和发展公有制经济，毫不动摇鼓励、支持、引导非公有制经济发展，保证各种所有制经济依法平等使用生产要素、公平参与市场竞争、同等受到法律保护”，落实鼓励、支持、引导民营经济发展的各项政策措施，为各类所有制企业营造公平、透明、法治的发展环境，营造有利于企业家健康成长的良好氛围，帮助民营企业实现创新发展，在市场竞争中打造一支有开拓精神、前瞻眼光、国际视野的企业家队伍。李克强总理也在国务院常务会、银保监会座谈会、考察中国（上海）自由贸易试验区等时多次提到要解决民营企业融资难、融资成本高等问题。

可以说，民营企业的创新发展面临诸多障碍，融资约束就是摆在它们面前的一大难题。由于民营企业自身的经营脆弱性较高，容易因其“所有制背景”而遭受信贷歧视，符合银行放贷条件的有效融资需求不足，在资本市场中处于弱势地位。没有足够的资金支持，企业生存都出现问题，创新发展也就无从谈起。在经济下行压力有所增大的背景下，部分民营企业为了降成本，不愿在转型升级方面继续加大投入。所以，在当前背景下，研究民营企业的融资约束缓解机制具有重要的现实意义。

从党的十八大提出的“全面推进依法治国”到党的十九大提出的“坚持全面依法治国”，我国法制环境不断改善。《中华人民共和国宪法》(2018 年修正)进一步明确了建设中国特色社会主义法治国家的总体目标。经济建设是法制建设的必要前提，法制建设是经济建设的重要保障，两者之间相辅相成。资本市场多层次建设对加强资本市场法律保障体系建设将提出更高要求，投资者也盼望更加规范的资本市场环境。2012 年 12 月 28 日，中华人民共和国第十一届全国人民代表大会常务委员会第三十次会议表决通过了修订后的《中华人民共和国证券投资基金法》，并于 2013 年 6 月 1 日生效实施。新证券投资基金法通过借鉴国外立法经验，充分结合非公开募集基金的市场运行实际情况，规定“公开或者非公开募集资金设立证券投资基金(以下简称基金)，由基金管理人管理，基金托管人托管，为基金份额持有人的利益，进行证券投资活动，适用本法”，并通过设立第十章专章对其进行原则性规定。自此，以非公开募集资金方式设立的证券投资基金首次纳入法律监管的范围。2015 年 4 月 24 日，第十二届全国人民代表大会常务委员会第十四次会议对其进行了修正。2018 年 10 月 26 日，第十三届全国人民代表大会常务委员会第六次会议通过了《全国人民代表大会关于修改〈中华人民共和国公司法〉的决定》，对公司回购等方面的规定进行了修改，进一步完善了公司股份回购制度。自 2020 年 3 月 1 日起正式实施的《中华人民共和国证券法》(以下简称《证券法》)对我国资本市场意义重大，以宪法之外的最高效力方式在法律层面明确了注册制改革在中国资本市场的全面推进落实。注册制改革的推行也将进一步促进我国资本市场的市场化、法治化、国际化进程，进一步促进我国资本市场的改革和发展，进一步发挥资本市场服务实体经济的功能和作用。

随着我国市场化进程的不断深入，企业运用法律武器维权的行为不断增多，从沪深两市披露的诉讼仲裁情况来看(图 1-1)，2011 年到 2017 年，我国上市公司涉诉案件数量和涉诉金额逐年上升，2017 年已分别达到 590 起和 7 664 亿元。

当公司卷入诉讼案件，诉讼风险会对企业持续经营造成严重的影响。除了高昂的诉讼费用、潜在的巨额赔偿，涉诉给企业带来的间接损失也不可忽

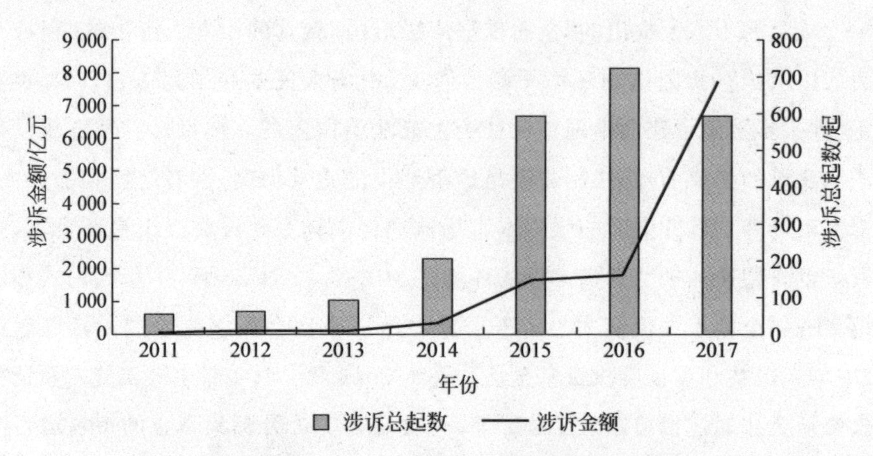

图 1-1 我国 A 股上市公司 2011—2017 年涉及诉讼案件统计

视，如股票价格下跌、企业声誉受损等都会给公司价值带来潜在的负面影响。作为原告的公司可能面临的是难以收回的某种权益，作为被告的公司面临的是利益相关者对公司产品、信用、资金等现状的质疑。而由于中国社会长期处于儒家思想为主导的文化背景下，“无诉”的价值理念深入人心。因此，无论是个人还是集体，一旦被卷入诉讼事件，通常会被视为一种不光彩的事情，无论涉诉企业在诉讼案件中是原告还是被告，都面临着公司声誉减损的风险。随着我国法律进程的不断推进，企业与各利益相关者所订立契约的保障程度也不断提高，当企业与利益相关者之间产生冲突甚至出现侵权现象时，涉诉带来的各种严重的负面后果也使诉讼风险成为公司经营中不得不考虑的重要风险。企业所面临的不确定风险的增加，会增大管理者削减非刚性投资，特别是研发支出的可能。这是因为，与固定资产等资本投资不同，企业创新投资具有不确定性大、隐秘性强、周期长等诸多特征，进而导致了企业创新容易面临融资约束、信息约束以及人才约束等诸多约束特性。具体而言，首先，创新活动高度的内在不确定性主要表现为企业在享受创新活动所带来的较高收益的同时需要承担相应的风险，强化了资金提供方对企业创新活动的谨慎态度，从而导致创新活动面临较为严重的融资约束问题。其次，创新活动自身的隐秘性特征使得企业与外部技术环境、竞争对手之间存在较大的信息不对称情况，从而导致企业面临信息约束问题。最后，新知识的获取与掌握关乎企业创新投资的成败,而获取与掌握新知识的关键又在于高素质的人才,因此高素质的人才也是影响企业创新活动的重要因素。已有研究表明,当面临因政府换届带来的政治不确定性时,企业会减少项目投资(Julio 和 Yook,2012;曹春,2013;徐业坤等,2013)。相似地,当面临因诉讼风险而产生经济不确定性时,企业会削减创新活动的投入。因此,研究资本市场中的公司诉讼具有重要的理论和现实意义。

1.2 研究目的和研究意义

1.2.1 研究目的

中国作为新兴经济体,在国内外法律环境不断完善的大背景下,其企业创新活动及研发投入也将更加明显地受到公司诉讼带来的影响。融资对企业的重要性毋庸置疑。在弱式有效市场中,为了降低信息不对称、转嫁代理成本,外部投资者会要求更高的风险溢价,因此企业外源融资成本普遍高于内源融资成本。而当企业内部资金有限,外部的融资渠道不通畅或者外部融资成本过高时,企业就不得不放弃一些投资机会,从而影响投资效率。总体而言,创新活动具有成本高、收益不确定的特点,一方面,相比其他类型的投资活动,创新活动存在有关科研人员的培训费用与专用性研发设备的高昂调整费用,且一旦研发活动失败,科研人员的培训费用和专用性研发设备的前期支出就会成为沉没成本;另一方面,从收益的角度看,研发活动的周期往往较长,且易受市场波动的影响,研发成果的经济效益具有极大的不确定性。

在已有研究的基础上,本书进一步探究了公司诉讼这一外生性事件对于企业面临的融资约束的影响。此外,随着自媒体等一系列网络平台的开放,信息传递愈加通畅,公司诉讼与融资约束的关系研究为分析师角色的定位提供了验证机会。因此,本书还从分析师关注的视角出发,引入公司透明度、区分原告被告双方,探讨分析师关注对于企业公司诉讼和融资约束关系的作用机理。厘清公司诉讼、分析师关注、融资约束之间的关系后,本书对公司诉讼与企业创新之间的关系进行了进一步探讨,主要研究公司诉讼是否会对企业创新产生抑制作用,以及融资约束在中间所扮演的角色。首先,本书通过对我国A股上市民营公司的实证分析,检验公司诉讼对融资约束的相关关系,即公司诉讼的发生是否会对企业的融资约束产生负面影响;其次,检验公司诉讼与企业创新的相关关系,即公司诉讼是否会对企业创新产生抑制作用;再次,检验融资约束在公司诉讼与企业创新关系中是否起到中介作用以及公司诉讼是否通过融资约束抑制企业创新;最后,探究分析师关注与内部控制作为内外监督机制是否会缓解公司诉讼对企业微观行为和财务决策的消极作用。

1.2.2 研究意义

1. 理论意义

目前,国内外关于公司融资约束问题的研究已经比较成熟,在融资约束的成因方面,已有研究主要从宏观环境、公司内部治理等影响因素出发进行分析,对于造成企业不确定性风险的公司诉讼等事件研究较少。我国依法治国方略的不断深化、法制环境的极大改善、诉讼仲裁案件的披露机制形成,为本书的研究提供了契机。

创新对于国家的科技强国战略和企业的差异化竞争战略都有重要意义,但即便在国家大力支持"大众创业,万众创新"的形势下,我国民营企业创新势头也并不强劲。企业创新如此之重要,那么究竟该如何促进企业创新呢?Manso(2011)认为活跃的企业创新依赖于一整套完善的激励制度:就国家或者地区层面而言,较强的知识产权保护力度(史宇鹏和顾全林,2013)、较高的社会资本存量(Akçomak 和 Weel,2009)和金融发展水平(Chava 等,2013;

Hsu 等,2014)以及较为稳定的经济环境(Nanda 和 Nicholas,2014)都会对企业创新产生正向的激励作用。而就公司个体而言,公司治理的水平(O'Connor 和 Rafferty,2012)、企业的所有权性质(唐跃军和左晶晶,2014)、股票的流动性、劳动力成本(林炜,2013)以及对员工的期权激励(Xin 等,2015)也都会改变企业进行创新的激励并对企业的创新活动产生重要影响。

诉讼事件中的主体无论是出于对商业活动中的违规行为的控诉需要还是出于维护自身的竞争地位的现实需求,都会影响到企业的创新行为。企业花费时间、精力和成本去参与诉讼是为了追求更大的创新,还是为了维持现有的市场竞争态势或延缓创新优势下降速度,这是本书想要探索的问题之一。当企业面临诉讼或者对其他企业诉讼时,这是一种风险的信号,各利益相关者会对处于诉讼风险中的企业感到经营不确定性程度加重,因此会形成诸多约束进一步影响到企业的创新行为。本书的研究选择了融资约束这一变量作为二者之间的中介变量,来探讨公司诉讼如何通过融资约束对企业创新行为造成影响。

随着分析咨询行业的兴起,分析师在资本市场中的作用逐渐得到了各方重视。公司诉讼作为企业面临的重要事件,会引起外部主体,包括分析师的广泛关注。此外,分析师会跟踪企业 R&D(研究与试验发展)活动,并对企业的 R&D 活动进行分析甄别,为市场提供深层次信息,因此分析师对企业创新的作用不容忽视。研究选择分析师关注作为外部治理变量丰富了本书的研究模型,关注资本市场中分析师的信息效应与外部治理效应,完善了分析师相关理论的研究,也为进一步缓解融资约束问题提供新的论证与思路。

2. 现实意义

随着诉讼赔偿机制的不断健全、全民法律意识的增强和诉讼效率的提高,解决利益冲突的次优方案诉讼仲裁逐年增多,但这同时也给企业造成了一定的不确定性风险,如何规避诉讼风险、涉诉后采取哪些措施可以有效降低公司的负面影响,成为企业的关注重点。本书通过对公司诉讼、分析师关注、融资约束三者关系的推演,为企业、政府和监管部门提出建议。首先,企业可以利用各种信息披露渠道提升信息透明度和信息披露质量，以减少诉讼仲裁给企业带来的不利影响；同时，政府应该强化监管、完善诉讼机制，保护诉讼主体的合理权益；最后，各监管部门应该规范证券分析师行为，发挥分析师对于资本市场的信息桥梁作用，利用好各个渠道、各方市场共同规范上市公司行为，推动我国资本市场健康长足发展。

此外，本书的研究为国家创新促进政策的制定提供了实证证据支持。党的十八大以来，我国企业的创新能力、创新规模、创新活动多样性得到了显著提升，但整体而言企业创新动力仍显不足，部分创新政策在执行时存在与企业需求脱节、灵活度不够、与其他政策之间协调性较差等问题。本书的研究通过分析融资约束对公司诉讼影响企业创新的中介作用，以及分析师关注和内部控制对抑制的缓解作用，明确了促进企业创新行为的具体路径。故而本书的研究可以为国家制定促进企业创新投资的相关政策提供借鉴和依据，为扭转我国企业创新动力不足、创新绩效较差的现状作出贡献。

1.3 研究思路与结构安排

1.3.1 研究思路与研究方法

1. 研究思路

如图 1-2 所示，本书首先分析目前的经济背景、政策热点和研究状况，确定研究主题。其次，通过研究信息不对称理论（asymmetric information theory）等理论，检索、整理并归纳梳理相关文献，追踪相关政策热点，对企业创新、公司诉讼、分析师关注、融资约束和内部控制等概念进行界定，立足于诉讼对企业创新的现实影响以及我国企业面临的融资约束现状，厘清分析师

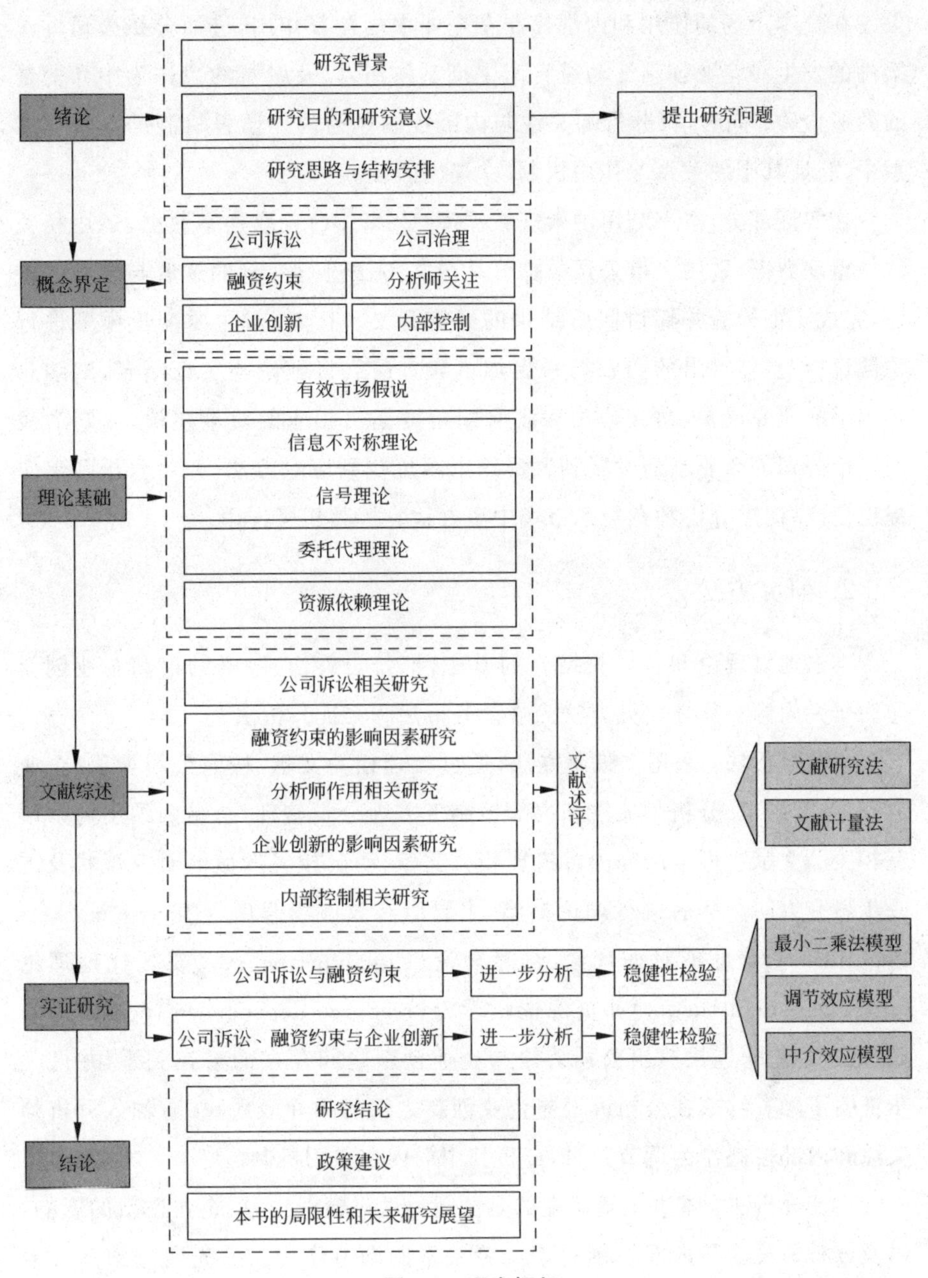
绪论
研究背景
研究目的和研究意义
研究思路与结构安排
提出研究问题
概念界定
公司诉讼
公司治理
融资约束
分析师关注
企业创新
内部控制
理论基础
有效市场假说
信息不对称理论
信号理论
委托代理理论
资源依赖理论
文献综述
公司诉讼相关研究
融资约束的影响因素研究
分析师作用相关研究
企业创新的影响因素研究
内部控制相关研究
文献述评
文献研究法
文献计量法
实证研究
公司诉讼与融资约束
公司诉讼、融资约束与企业创新
进一步分析
进一步分析
稳健性检验
稳健性检验
最小二乘法模型
调节效应模型
中介效应模型
结论
研究结论
政策建议
本书的局限性和未来研究展望

图 1-2 研究框架

关注在资本市场的作用和内部控制在企业中的监督作用，进而分析公司诉讼案件的发生对企业创新活动是否产生抑制作用，以及融资约束作为中介变量的效应检验；同时，将分析师关注与内部控制作为内外监督机制纳入研究体系中，验证其中的关系与作用机制，并提出假设。

在实证部分，本书利用国泰安数据库（CSMAR）获取样本数据，运用相关软件整理数据，采用上市公司数据统计分析方法进行变量的选取与模型的构建，完成实证检验并探讨回归结果的经济意义。接着，对主要变量模型进行稳健性检验，使得出的回归结果更加可靠。最后将理论与实证结合，归纳总结本书的研究成果，站在公司和政府的角度提出相应的对策建议，以期为我国上市公司的企业创新发展和融资约束困境找到应对方法，并对分析师工作提出建议，促进分析师在资本市场中更好地发挥其积极作用。

2. 研究方法

本书通过理论和实证相结合的方法，把公司诉讼、融资约束和企业创新作为研究内容。具体研究方法为规范分析法和实证分析法。

规范分析法：采用文献研究法，通过梳理相关文献，按照公司诉讼、企业创新、融资约束、分析师关注和内部控制五方面分类整理，总结归纳出与本研究相关的文献。根据研究内容梳理相关文献，明确相关领域的研究现状及进一步研究方向。然后进行理论推演，主要以有效市场假说（efficient markets hypothesis）、信息不对称理论、信号理论（signaling theory）、委托代理理论（principal-agent theory）和资源依赖理论（resource dependence theory）为基础，通过理论研究推演出公司诉讼与企业创新之间存在的潜在关系，并进一步证明了融资约束在公司诉讼与企业创新之间的中介效应，接着加入分析师关注和内部控制作为调节变量，分析其中的内在作用机制。

实证分析法：本书主要研究的是公司诉讼对融资约束、企业创新的影响，以及分析师关注和内部控制对于三者关系的调节作用。首先通过国泰安数据库平台进行样本数据的收集，随后使用Excel软件根据研究对象、目标及变量特征等对样本数据进行筛选整理，根据研究惯例对数据进行剔除和变量指标的计算,采用对变量进行描述性统计的分析、变量相关性分析等方法初步进行数据分析;其次设置年份、行业虚拟变量,运用Stata15软件进行多元线性系数检验,完成实证检验,并利用PSM-DID(propensity score matching-difference-in-difference,倾向得分匹配-双重差分模型)、组间差异检验和替代变量等方法进行稳健性检验,探究分析师治理下公司诉讼、融资约束和企业创新的关系以及其内在作用机制。

1.3.2 结构安排

首先,通过系统梳理相关学者对于公司诉讼、企业融资约束和企业创新的研究成果,对现有文献进行整合,并对相关理论进行阐述,分析公司诉讼引发的民营企业的经济后果,总结民营上市公司创新活动的影响因素和融资约束的相关研究。其次,探究公司诉讼对企业创新的相关性,验证作为外生性冲击事件的公司诉讼会对企业的创新活动造成抑制影响。然后,探讨公司诉讼对企业创新的影响机理,即是否公司诉讼通过加剧企业融资约束来抑制企业创新。为了提高研究过程的稳健性,进行了PSM-DID检验、替换变量和组间差异检验等,得到的结论不变。最后,根据理论分析与实证检验结果提出建议。因此,本书主要研究了公司诉讼通过企业融资约束对民营上市公司创新产生抑制影响的机理,以及内部控制与分析师关注作为内外监督机制对该消极抑制影响的缓解作用。

本书主要包括6章内容。

第1章为绪论。首先对企业创新的迫切性与必要性、我国法律环境的发展现状以及民营企业融资问题等研究背景进行了介绍,从中找到研究方向和目的使其具有现实意义和研究价值,然后对全书采用的研究方法、设定的思路框架以及存在的相关贡献进行阐述。

第2章为概念界定与理论基础。首先,对公司诉讼、融资约束、企业创新、分析师关注、公司治理以及内部控制六个概念进行界定,以明确全书的重点研究内容。其次,对有效市场假说、信息不对称理论、信号理论、委托代理理论和资源依赖理论进行介绍,作为全书的理论基础。

第3章是文献综述。这一部分主要从公司诉讼的影响因素及其经济后果、融资约束的影响因素、企业创新的影响因素、分析师关注的影响因素与经济后果以及内部控制相关研究五个方面对国内外学者的研究成果进行梳理,并对现有文献进行评价。

第4章是民营企业涉诉和融资约束的实证设计与结果分析。这一部分主要探究公司诉讼造成企业融资约束的机理以及分析师对于缓解二者关系的路径,并提出相应的研究假设,进行科学的研究设计。在样本、变量选取完毕,研究模型搭建成功后,对各个变量进行描述性统计和相关性分析,证明研究变量的可行性,根据所选取的模型运用Stata15对相关变量进行回归检验并对结果进行分析,最后,为保证实证部分的合理性,进行稳健性检验。

第5章是民营企业涉诉、融资约束和企业创新的实证设计与结果分析。在第4章的研究基础上,实证检验了公司诉讼与企业创新之间的关系,即公司诉讼是否会对企业创新产生抑制作用,并进一步检验融资约束在公司诉讼与企业创新关系中所起到的作用。同样地,通过稳健性检验来保证实证部分的合理性。

第6章是研究结论与展望。对公司诉讼、融资约束与企业创新三者之间的关系进行梳理的同时对本书的研究结论进行总结,从公司和政府的角度出发有针对性地提出政策建议,最后对本书的研究前景进行展望并指出已进行研究的局限性,从而为后续研究提供些许思路。

2.1 概念界定

2.1.1 公司诉讼的概念

公司诉讼，是一种在公司法的调节范围内的，为审理、解决因违反公司法律制度所规定的权利和义务而发生的公司纠纷方面的诉讼。公司诉讼通常是诉讼双方因为各种利益关系而产生矛盾和冲突后选择诉诸法律去解决的一种方式。随着我国法律进程的加快，公司诉讼案件越来越多，公司诉讼主要涉及公司与股东的股权纠纷、与债权债务人的债券纠纷、与供应链上下游之间的合同纠纷和票据纠纷及与公司内部的劳务纠纷以及破产、清算、重组纠纷等。公司诉讼作为一种不确定性事件会对公司产生一定的风险，对其现金流、声誉等均会产生一定的影响。本书所研究的公司诉讼主要是上市公司按照信息披露管理办法通过临时公告、半年报以及年报对外披露的涉及公司的重大诉讼和仲裁。

对于公司诉讼的衡量方式，大部分已有研究主要通过企业当期是否发生法律诉讼、企业的涉诉次数以及公司诉讼涉及金额三个指标从量和质的角度同时对公司诉讼情况进行衡量（傅超和吉利，2017）。此外，王鹏程等（2014）将公司诉讼按照影响程度分别赋值，从没有诉讼到涉及重大诉讼依次赋值为0到3，四个等级（王鹏程和李建标，2014）。其他学者也有使用年报披露的未决诉讼的涉案个数和涉案金额作为公司诉讼或诉讼风险的衡量指标（张俊瑞等，2016）。

2.1.2 融资约束的概念

MM（由 Midigliani 和 Miller 的首字母得来）理论认为，在完全理想化的资本市场中，信息传递通畅、及时，不存在信息不对称，也没有代理成本，企业想获得足够的资金进行投资时，获取外部资金与使用内部积累资金的成本是一致的，也就是说使用内外部资金是没有任何差异的，企业可以容易地获得企业投资所需要的资金。但在现实情况下，资本市场存在信息不对称现象，委托代理成本也较高，使得企业在融资过程中，外部融资成本明显高于内部融资成本，再加上外部融资需要的中介费用等，企业较为困难或者无法接受内外部融资成本的差异。当企业获得好的投资机会，而内部资金无法满足或者现金流无法供应充足现金的时候，企业不得不选择外部融资方式，但是由于外部融资需要高额的筹资费用和利息成本等，企业较为困难或者无法从外部获得足够的资金进行生产和投资，这就导致了企业的融资约束问题。此外，宏观环境下政府实施的货币政策、信贷水平等也是影响企业向外部进行融资的成本和融资难易程度的重要因素，即影响企业的融资难易程度。

2.1.3 企业创新的概念

创新这个概念，最早是来自学者熊彼特发表的“先有发明，后有创新”这一观点，熊彼特指出创新可理解为公司充分利用资源，用新的生产方式去迎合市场需求，并且是企业经济发展的动力。他还认为创新是生产厂商用能够改变生产可能性的某种新生产方式，创新指的不仅仅是发明生成的新鲜事物，更多的是把生成的这种事物进行商业化。简而言之，将发明转化为生产，创新才得以形成，即创新成为发明首次商业化的应用。从广义来说，创新可理解为一项新思想，研究一项全新的科学结果，提出全新的制度框架、组织形式、政策机制和与之有关的创造过程等。企业创新意味着某项可以对外界产生影响与冲击的变革，包含社会与组织两个方面的变革。熊彼特认为大企业一般由大公司经营，有时为了减少竞争者威胁，保持自己的商业优势，会不断地突破固有制度并追求科技更新，同时他还指出不断地引进创新，经济体系才得以发展。创新会导致经济周期的波动，创新机会的不断减少导致经济难以进一步发展。如若希望经济有进一步的发展，则需要有新一轮的创新。

不少学者对企业创新的定义作出了界定。例如，Betz(1987)研究表明企业创新是发明或修正新的生产方式，使其应对可能存在的潜在需求，并不断发展和改进，使其最终实现商业化。Hill 和 Jones(1998)研究表明企业创新是组织采用其资源与技能建立某种新产品的新方式或方法，能根据客户需求作出相应的改变并提供较好的回复，企业创新包括作业方式、管理组织以及产品等。随着行业内竞争越来越激烈，公司如何提升创新能力以及合理管理已拥有的创新技能，都会对公司的竞争优势产生影响。Chacko(1988)研究表明创新是完善某项现有发明使其迎合未来可能存在的需求，发明指的是全新的程序、产品或观念，能够将现象阐述得更深入、进一步地提升经营效率。Gattiker(1990)研究表明创新活动是由个人、组织或者群体共同学习进步得到的程序或产品，其中过程包括采用新的、有用事物的信息以及相关知识。Kanter(1988)研究表明，能表示为一种别致的事物，并非全新，新流程、管理方式的完善，作出的改变对企业来说是新的，并且能够为企业带来利益的就可称得上是创新活动。创新不仅仅存在于科技领域，也不是进行相关的研发活动就称为创新。Drucker(1986)表明创新能够给予资源产生利润的能力，即让资源创造出新的利益，成为效用率更高的资源，将企业的新方式、服务或产品逐步引入市场是创新最主要的目的,包含商业化与发明活动。但凡可以改变现有资源价值形成方式的活动,都能叫作创新;并且表明创新是能够不断学习的,创新属于社会性或经济性的词语,不属于科技性词语,创新也能定义为资源产出的改变。Christensen(1997)表明科技为公司将劳动力、物料信息转化为其他拥有附加价值的服务,其中包括销售、设计与制造、投资和管理方式,他以科技的角度界定创新,表示企业创新是在以上范围里作出的变革。

虽然国内外的学者从不同的角度给予创新不一样的定义,但现有研究大多认同从萌发新想法、创造新发明,到产品的设计、开发、生产再到市场销售等活动都可称为创新。其中的核心是发明新技术并将其实现商业化的过程,在这个过程中组织、服务以及管理的改善都发挥着正面的影响。因此,创新不仅仅包含技术方面的,非技术方面的创新也属于创新的一部分。例如,管理创新、结构创新、制度创新以及组织创新等。关于以上企业创新的含义:企业创新行为的影响范围比较广泛,包括新产品的开发、设计、生产以及新市场的开发等全套过程,创新可称为一个烦琐的过程,且创新过程自身就由某些繁杂交互的网络构成。如 Drucker 所言,创新活动是一种给予资源产生利润的能力。OECD(经济合作与发展组织)(1997)在《国家创新体系》里表示"创新是不同主体或机构相互之间的作用,技术变革是一个不完美的线性方式,它是系统元素之间反馈、相互作用的结果"。所以创新也能理解为行动者与不同机构之间互动形成的产物,并将其看成一个整体,由此形成了国家创新系统。此体系间的互动作用会对公司的整体运作以及经济产出产生直接的影响。

企业的创新绩效既是企业创新研究的重要领域,也是衡量企业创新效果的重要指标。虽然学术界对企业创新绩效的概念界定很早就开始了,但由于学者们对于企业创新产出的理解不同,对于创新绩效内涵的理解也并未达成一致。Ernst(2001)更加注重产生创意至创造出新产品的过程,认为创新绩效是这一过程中的成果。Gregory(2002)则认为企业的创新绩效是指企业通过技术创新产生的绩效,可以通过新产品数量的增加来进行衡量。Hagedoorn 和 Cloodt(2003)的研究认为,只有进入市场的发明才能有效衡量企业的创新绩效,并将企业新产品、新工艺和专利等均纳入企业创新绩效的范畴。与上述学者将创新绩效与新产品、新服务、新技术和新工艺联系在一起的理解不同,周晓阳和王钰云(2014)从企业合作创新的视角出发,将各方的战略协同与组织沟通纳入创新过程,将创新绩效界定为协同创新各方的满意度。总体而言,关于创新绩效内涵的定义比较丰富,且大多与学者的研究情境紧密相关,尚未形成统一的标准。

2.1.4 分析师关注的概念

证券分析师,是指在证券经营机构工作,利用自己的专业知识,对某些公司的市场价值、经营情况、财务情况等进行调研分析并进行预测甚至是建议,并向投资者发布正式的研究报告的人员。可以说,证券分析师是资本市场中介于企业和投资者之间的重要“信息传送机”,他们不仅简单地把企业披露的信息传递给投资者和债权人,还利用他们所拥有的专业素养对企业发布的信息进行加工和解读,来加速企业与投资者和债权人之间的信息流通,并增加信息量,从而缓解信息不对称,提高股价同步性,进而提高资本市场的效率,促进其健康发展。

证券分析师一般按照职责任务的不同分为卖方分析师、买方分析师和独立分析师。卖方分析师主要是公开地向投资者发布对企业专门进行的盈余预测、股票评级信息等研究报告;而买方分析师发布的调研报告主要是证券机构自己内部使用的,通常不会公开;独立分析师则是将自己出具的调研报告向资本市场出售,投资者只有出钱购买才可获得其发布的研究报告。

本书所研究的分析师关注,是指证券分析师或分析师团队专门对我国A股某上市公司进行关注跟踪,以其为核心,通过收集宏观经济背景、行业状况、公司供应链上下游情况以及公司各种事项等信息与实地考察调研,利用自己的专业知识和职业判断,对公司的发展经营情况和未来盈余状况进行分析评估预测,出具调研报告,向投资者传递更多的信息的行为。

2.1.5 公司治理的概念

“公司治理”一词最早出现在经济学文献中是在20世纪80年代初期。自公司治理的概念提出以来,学者们纷纷提出了各自的理解。但总体而言,关于对公司治理内涵的界定问题,国外学者主要围绕股东利益不受侵害和保护利益相关者两个视角展开。基于股东利益不受侵害这一视角,学者们认为公司治理主要服务于公司所有者(主要是指股东)对于公司管理者经营行为的控制,即通过制度安排,合理配置所有者与管理者之间的权责关系,从而促进股东权益最大化的顺利实现。基于保护利益相关者的视角,学者们认为公司治理即通过制度性的安排,协调公司与所有利益相关者之间的利益关系,通过公平、科学的决策维护各方利益,从而保障企业发展和长期战略的顺利实施。

与国外学者一样,国内学者对公司治理的解释也存在多样性,基于角度的不同,大致可以分为四种观点:第一,公司治理是组织内部的权利制衡机制,以吴敬琏(1996)为代表,该观点主张组织结构中包含不同的权利结构,这些权利结构之间是一种相互制约的关系,如公司的所有权拥有者、董事会以及高层管理人员各有不同的权利范畴,呈现出相互制衡的特点;第二,公司治理与企业所有权一致,以张维迎(1996)为代表,该观点主张,无论是“公司治理是关于如何在公司剩余索取权和公司控制权之间进行均衡分配的一系列有关国家法律、组织文化以及制度化安排的组合”的广义定义,还是“公司治理是企业内部组织中的制度化安排”的狭义理解,其从本质上都是由企业所有权决定的;第三,公司治理通过对管理者的监督和激励来实现对所有者利益的保护,以周小川(1999)为代表,该观点主张公司治理即通过一系列的制度安排如董事会、股东大会等,对企业高层管理人员的经营决策进行监督、约束与激励;第四,公司的各方利益相关者之间存在相互制衡的关系,以杨瑞龙(1998)为代表,他在国有企业改革的背景下研究发现,改制前的国有企业缺少制衡机制,“内部人控制现象”明显,改制后的国有企业则体现出各方利益相关者的相互制衡关系，且这种制衡关系以促进股东利益最大化为目标运营。

虽然国内外学者通过不同的角度分析和解释了公司治理的内涵，但从这些不同的概念界定中我们可以看出，学者们关于组织内外部制衡机制的观点是统一的，也都从公司治理结构的角度分析了问题，但都没有对公司治理的机制或机理进行深入研究。

构建一套完善的公司治理结构是现代组织进行公司治理的必然要求，但是衍生于公司治理结构的公司治理机制也是不容忽视的，这是一个更深层次的问题。公司治理机制可以分为外部治理机制和内部治理机制，其中外部治理机制是指来自资本市场、产品市场、管理人才市场、监管部分、社会媒体等外部治理结构的作用，如法律法规、社会审计、媒体舆论、政府监督等；内部治理机制则依托于公司董事会、股东大会以及公司监事会来发挥作用。据此，我们认为公司治理首先是一种用来均衡公司各利益相关者的正式或非正式、内部或外部的制度安排，这些制度或机制可以保证公司决策的科学化，最终实现公司的战略目标。本书将公司治理界定为公司的各方利益主体通过一系列的外部机制与内部机制来实施的共同治理。

2.1.6 内部控制的概念

关于内部控制的定义，学术界普遍认同的是由COSO（美国反虚假财务报告委员会下属的发起人委员会）在报告《内部控制——整合框架》里界定的。报告里表示内部控制是包含公司董事会和管理层在内的全体员工共同执行的一个过程，这个过程主要是为以下所有目标的实现提供一个合理保证：经营的效率和效果、遵循有关的法律法规与财务报告披露的可靠性。随后，我国财政部在其发布的《企业内部控制基本规范》里进行了相似的界定，表明内部控制是由企业董事会、监事会、经理层和全体员工实施的、旨在实现控制目标的过程。内部控制目标包括合理保证企业经营管理合法合规、资产安全、财务报告及相关信息真实完整，提高经营效率和效果，促进企业实现发展战略。COSO报告表示内部控制的构成主要有五个要素，即控制环境、控制活动、风险评估、信息与沟通、监督。其中，控制环境是其他要素的基础，控制活动是其主要的手段，风险评估是其方向，信息与沟通是其条件，监督是保证其他要素发挥相应作用的保障。内部控制的五个要素相辅相成、互相联合，对内部控制的有效性发挥效用。

内部控制作为企业重要的一项内部治理机制和风险管控机制，贯穿于企业经营活动全过程，在保证企业资金安全使用、风险控制以及约束、制衡和激励管理层行为等方面发挥作用，因而其对企业实现价值创造活动意义重大。陈汉文(2008)认为，内部控制源于内部控制目标的实现，即企业在建立、维护内部控制系统的基础上，能够实现对经营项目合规、信息可靠性、经营效率和效果以及战略目标实现等方面的合理保证。内部控制提供的保证程度反映了内控有效性水平的高低。

内部控制的概念也并非一成不变，根据不同的发展阶段，内部控制概念演变分为三个时期，分别是萌芽期、发展期和成熟期。萌芽期即内部牵制时期，内部牵制即形成“一个事项至少与两个部门有关联”的体系，这是因为两个及两个以上的部门无意识地出现同样错误的可能性要低于一个人或一个部门。内部控制的主要目的就是防止出现错误或别的非法业务发生。在这一时期，内部控制体现的具体特点是不管是个人还是部门，均不能对任何一部分或任何一项权利进行单独控制。发展期形成了内部控制制度，国际上首次定义了内部控制制度的具体含义，即由企业制定的，基于资产保护、会计资料可靠性和准确性的保障、经营效率的提高以及促进企业管理当中各种政策得以贯彻执行而具体计划和相互配套的措施与方法。随着企业生产规模的扩大、市场竞争的加剧以及资本市场的完善，企业管理实践与理论不断深化，内部控制进入成熟期。COSO 结合《2002 年公众公司会计改革和投资者保护法案》(以下简称《SOX 法案》)，推出了《企业风险管理整体框架》(ERM 框架)。截至目前，内部控制日渐扩展，与企业风险管理相结合，形成成熟的体系，同时成为各大企业的一种方法论。

那么内部控制质量如何衡量呢？在美国《SOX 法案》颁布以后，美国学者以公司是否按照 SEC(证券交易委员会)的规定披露其内部控制实质性漏洞来衡量财务报表内部控制质量,以此展开对企业内部控制最早的实证研究。国内学者张颖等(2010)利用李克特五级量表法实施问卷调查来衡量企业内部控制质量。目前,国内文献度量内部控制的主流做法是采用"迪博·中国上市公司内部控制指数",该指数涵盖了企业的战略执行结果、经营回报、信息披露真实完整性、经营合法合规以及资产安全五个方面的内容,并考虑了上市公司对内控重大缺陷的补充修正等具体情形,故本书使用该指数来考核评价上市公司的内部控制质量具有一定的客观性。

2.2 理论基础

2.2.1 有效市场假说

有效市场假说由著名经济学家尤金·法玛(Eugene Fama)于20世纪70年代提出并深化。有效市场假说指出,在法律完善、透明度高、竞争完全的股票市场,一切有价值的信息都会及时、准确、充分地反映在公司的股票价格之中,这其中既包括企业的当前价值,也包括其未来价值。除非发生市场操纵的行为,否则任何投资者都不可能通过分析以往价格获得高于市场平均水平的超额利润。这种股票价格可以反映出信息的市场,被称为有效市场。有效市场假说将信息集分为三个层次(图2-1),分别是:历史交易信息,指的是证券过去的价格和成交量信息;所有可公开得到的信息,包括盈利报告、年度报告、分析师研究报告以及公司的公告和资讯等;所有可获得的信息,涵盖所有公开信息和内幕信息。根据这三种信息集,有效市场被分为弱式有效市场、半强式有效市场和强式有效市场三个阶段。

在弱式有效的情况下,市场价格具有充分反映历史证券价格信息的功能,包括股票的成交价、成交量,融资金融等内容。由于弱式有效市场只能提

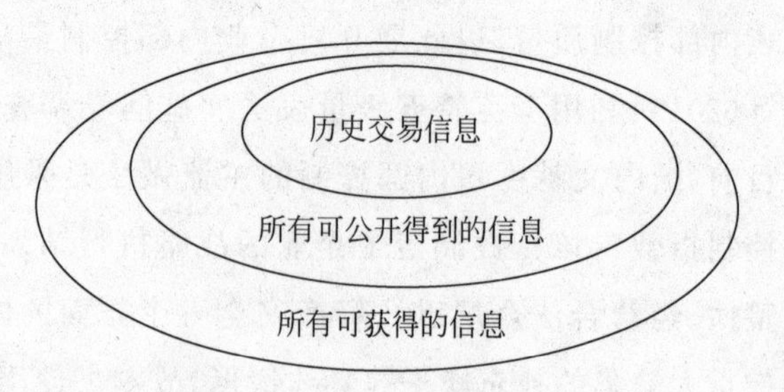

图 2-1　信息集的三个层次

供历史信息，并且这些历史信息对于所有的投资者来说都可以免费得到并利用，这将导致历史数据失去预测性，即股票价格的技术分析将失去作用，任何投资者都难以根据历史信息来获利。但是，基本分析可以帮助投资者获得超额利润，因为在弱式有效市场中，公司的股票价格相对于其当前和未来的价值有可能被高估或低估，如果投资者能够通过基本分析识别企业的发展情况，发现股票价格相对于公司价值的偏差，那么就有可能从中获得超额收益。另外，公司的管理层相较于股东来说掌握了更多的内部信息，可能会凭借其信息优势地位开展内幕交易获得超额收益，但这会导致股东的利益受损。在弱式有效市场中，股票价格可能与公司真实价值相去甚远，市场整体的投资效率低下。

在半强式有效的情况下，除了历史信息，市场价格还可以充分地反映所有公司相关的公开信息，这些信息包括成交价、成交量、盈利资料、盈利预测、公司管理状况、其他公开披露的财务信息、红利发放、股票分拆、公司并购以及宏观方面的信息等。假如投资者能及时获得这些信息，每个投资者都根据已获信息进行理性投资决策，那么股票市场就会迅速作出反应，消化掉所有公开信息，使股价在短时间内调整到位。如果市场处于半强式有效阶段，市场参与者既不能从历史信息中也不能从已公开的信息中得到获取超额利润的机会，这意味着股票技术和公司基本面分析的方法都失效。半强式有效市场较之弱式有效市场来说，投资效率明显提高。并且，分析师、注册会计师等具有专业素养的从业人士可以凭借其能力和经验，对公司披露的公开信息进行甄别、分析和解读，较为准确地评估公司的价值，从而方便资本市场的各类信息使用者,同时也起到加速市场优胜劣汰、提高资本市场运行效率的作用。当然,在半强式有效市场中,依然存在公司管理层与股东之间的委托代理问题。管理者处于信息优势的一方,了解更多的公司内部消息,而公司股东尤其是小股东依然处于信息劣势的一方,可能会受到公司内幕交易带来的利益损失。

在强式有效的情况下,价格已充分地反映了所有关于公司营运的信息,包括已公开的信息和内部未公开的信息,这将使得再没有管理者或外部投资者可以借助内幕信息渠道来获得超额利润。强式有效市场提供了理论上的理想市场标准。强式有效市场的价格可以真实准确地反映公司的价值,股东们因此可以根据股票的价格并依据自身风险偏好进行价值投资。管理层与股东之间不再存在信息不对称问题,管理层也不可能再根据内幕交易投机牟利。

信息传递速度和质量是影响股票市场价格的关键因素,同时也是影响投资者行为的重要因素。目前我国资本市场与强式有效阶段还有差距,具体体现在绝大多数的投资者都无法接触到公司的内幕信息,甚至还有企业对如公司涉诉这种负面消息的披露含糊、不透明,导致投资者对公开信息的解读都存在麻烦。为了减少内幕交易侵害投资者合法权益的情况、提高资本市场的资源配置效率、促进资本市场可持续发展,我国通过法律法规禁止内幕交易。同时,不断完善上市公司的信息披露制度,使投资者可以利用公开信息对企业进行较为准确的评估,从而开展价值投资活动。而分析师可以利用其专业能力和经验在信息收集、信息解读和信息发放三个环节发挥作用,降低投资者和债权人的信息成本,改善企业的外部信息环境,提高信息质量和传播效率。

2.2.2 信息不对称理论

信息不对称理论在20世纪70年代被提出,它揭示了信息在市场经济中的重要作用,并提供了崭新视角解释一些市场经济行为。信息不对称指的是在资本市场交易的双方掌握的信息总量不一致，或对信息的掌握程度有差异。交易信息的不对称，将导致双方交易地位的不对等：掌握信息较多或程度较高的一方为信息优势方；相反，信息贫乏的一方则是信息劣势方。信息优势方往往可以利用信息差异获取超额回报，信息劣势方则可能会蒙受损失，因而对交易缺乏信心。信息劣势方往往要承担更大的交易风险，这是由于信息劣势方面临的交易不确定性更大。

信息不对称现象是客观存在的，社会分工与知识专业化是产生信息不对称的根本原因。具体而言，信息不对称程度由个体主观因素差异和环境客观因素两方面决定。个体主观因素差异指的是市场上的不同个体获取信息能力具有差异，如不同个体信息的识别能力、理解能力、处理能力、获取渠道不同；环境客观因素则是指个体获取信息受到多种经济因素和社会因素的影响，如市场的分割程度、信息传导机制的健全程度、信息传递过程中的噪声含量。

信息不对称可能导致逆向选择（adverse selection）问题和道德风险（moral hazard）问题。从信息不对称情况的发生时间来看，信息不对称可能发生在当事双方交易或者签约之前，也可能发生在之后。事前不对称主要导致逆向选择问题；而事后不对称主要引发道德风险问题。当事双方在达成协议之前信息不对称，信息优势方利用掌握的信息优势同信息劣势方签订利己的合同，这种情况最终会导致市场上的劣质品驱逐优质品，故而称为逆向选择。而道德风险是指当事双方在达成协议之后，信息优势方改变自身行为来损害信息劣势方的利益。这是因为信息不对称的存在，导致达成协议的信息劣势方无法准确判断对方是否按照协议办事。

在产品市场中，信息不对称问题会导致市场难以通过产品价格来调节其供求之间的平衡，即信息不对称使价格刚性。这是因为作为信息劣势方的消费者，难以了解商家和产品的真实情况，就会理性地把以往产品质量作为现在和未来产品质量的判定标准，通过比较其价格来判断产品之间的质量高低，一般来说，人们会认为价格高的产品质量高。具体而言，如果售卖价格达不到产品内含的质量，那么对于卖方来说将不会出售产品；如果价格高于产品内含的质量，卖方将乐意出售。但此时，如果价格超过产品内含质量的幅度过大，卖方降低产品价格，则会被买方认为产品的质量降低，实际需求可能会更少。因此卖方难以通过降低产品价格的方式迎合市场需求来达到供求平衡的目的，这按照新古典理论的逻辑来看是卖方脱离了需求曲线。而这种情况持续下去，将会造成高质量的产品逐渐被低质量的产品驱逐出市场，导致产品市场的萎缩和社会福利的损失。

在劳动力市场上也存在信息不对称造成的问题。一方面，企业在招聘雇员之前，对应聘者的职业素养、业务能力等情况均不知悉，处于信息劣势的一方。事实上，应聘者的素质良莠不齐，而且隐藏或者夸大信息、外强中干的应聘者往往比有真才实学的应聘者多。面对这种情况，企业往往会采取压低工资的策略，这会导致应聘者的平均素质下降，因为具有高素养、高能力的人才会拒绝应聘，这就是发生在劳动力市场的逆向选择问题。另一方面，企业在招聘雇员之后，如果企业给雇员工作的薪酬对价较低，可能会导致雇员的工作积极性和努力程度下降，工作效率降低，即发生道德风险问题。

在资本市场中，信息不对称带来的影响尤为明显。在信贷关系中，银行等贷款方相对于借款方来说处于信息劣势，因为贷款方难以评估判断借款方的偿债能力和违约水平，甚至说借款方的资金用途。在这种情况下，我们可以看到，即便贷款方的贷款供不应求，借款方为了获得贷款甚至愿意支付更高的利率，贷款方也不再提高利率放款。否则，会导致逆向选择问题，即借款方的平均“质量”下降，平均违约风险上升；抑或者引发道德风险问题，即获得贷款的借款人会将筹来的资金用于高风险活动的投入，导致其违约风险上升，这都会降低银行的预期收益。综上，信息不对称会导致信贷配给和利率刚性现象。在信贷关系中，利率会起到两方面的作用：一方面，利率具有筛选的作用。假如贷款方提高利率来满足借款方的贷款需求，利率会发挥作用将借款方筛选为两类：一类是面对高利率无力或不愿再贷款的，从事低风险投资项目的“优质”借款方；另一类是依然有能力或愿意以高资本成本取得贷款的借款方。第二类借款方之所以接受高利率的贷款，是因为他们大多投资高回报但高风险的项目。虽然贷款方此时以较高的利率将资金贷出，但是由于筛选留下的第二类借款方违约风险高，违约损失可能会超过利率提高带来的收益。另一方面，利率具有转变的作用。贷款方提高利率，对于借款方来说，面对增加的资金成本，有可能会转投高回报高风险的项目，即借款方行为会因利率升高而发生变化。借款方的违约风险变高，也影响贷款方的预期收益。由此可以将利率与贷款方收益的关系总结为：最初，随着贷款利率的上升，贷款方收益增加，但其增加的速度低于利率上升的速度；当到达某一阈值之后，贷款利率上升无法再使贷款方的收益增加甚至还会使之减小。

而在投资关系中，投资者在选择投资公司或投资项目时，其相对于公司管理者来说属于信息劣势方，投资者只能根据有限的信息制定投资策略，有可能被内幕交易裹挟导致利益损失；投资者完成投资成为股东时，管理者依然是占据信息优势的一方，可能出现道德风险问题，为了个人利益而影响股东的权益。为了尽可能减少这两类情况，投资者在投资前会尽可能多渠道收集标的企业或项目的相关信息，研判其投资价值，同时，为了平衡信息不对称带来的风险，投资者往往会要求更高的投资回报率。投资者投资后成为股东，可以通过公司治理手段，如积极参与公司事务、设置监事会以及对管理层进行恰当的薪酬激励等方式，减少因道德风险问题带来的损失。

可以发现，信息不对称是整个市场难以根除的问题，想要降低信息不对称对经济的负面影响，尽量减少逆向选择问题和道德风险问题，采取有效措施加以控制十分必要：第一，加强信息网络建设。缓解信息不对称问题，提高市场效率，最根本的方法就是提高信息的传递质量和速度。加强信息网络建设，可以降低各方的信息获取门槛和难度。第二，政府作为市场中的重要角色，应该发挥更多、更强的作用。市场经济不排除政府对市场的干预，政府应该完善相关法律、法规和制度。第三，引入规范的中介机构。第三方的监督和管理也可以减少信息不对称问题。第三方的监理人员具有专业上的优势，一般以自身信誉为保证，以信息服务为主要活动内容。因此引入规范的中介机构也能够建立起平衡信息的机制。

2.2.3 信号理论

信号理论是斯宾塞(Spence)在1973年提出的理论,它是在信息不对称理论的基础上发展起来的。信息不对称理论指出,信息不对称现象在市场中是客观存在的,并且会引发逆向选择问题和道德风险问题,其中逆向选择问题会扭曲价格、破坏平衡供求、降低市场效率。然而,在现实生活中可以发现,即便信息不对称现象普遍存在,市场也依然有效,这就说明市场本身存在一种机制可以缓解逆向选择问题,信号理论解释了尽管存在信息不对称现象但仍能实现潜在交易收益的原因。

信号理论主要包括两方面内容,一是信号传递(signaling model),二是信号甄别(screening model)。信号传递的主体是信息优势方,指信息优势方在交易或业务发生之前通过可观察、可感知的行为向信息劣势方传递出商品或其他标的物的质量或价值的明确信息,将其优秀特性表现出来,防止被忽视或者埋没。而信号甄别的主体是信息劣势方,指在进行交易或业务之前,信息劣势方进行主动的筛选甄别,促使信息优势方不得不发出表明自身特征、类型、品质等的信号以供信息劣势方使用。这样,信息劣势方可以改善自身的信息地位。

斯宾塞从劳动力市场切入,研究发现应聘者往往会通过一些行动来降低企业的信息不对称程度。在竞争性的劳动力市场中,企业往往无法得知应聘者的真实情况,而应聘者基本了解自身的能力,因此企业处于信息劣势而应聘者处于信息优势。处于信息优势的应聘者,为了凸显自身具备的“高质量”特征,如较强的专业能力、较高的职业素养等,会通过“接受过严格的高等教育”的信号将自身与“低质量”的应聘者加以区分。接受过高等教育是一个衡量个人素养的可靠信号,因为“低质量”的求职者一般无法通过高等教育的考核。这样,企业获得信号后,可以对应聘者进行筛选,从而解决劳动力市场的逆向选择问题。

斯宾塞对信号理论的基础性研究为后面的广泛学术研究奠定了根基。

在产品市场中，常见的产品广告、产品保证书以及品牌形象等都是商家对消费者传递的信号。从广告的本身内容和投放广告的竞标过程中可以看到产品的特性和商家的实力，产品保证书能够直接向消费者透露产品质量的相关信息，品牌形象的建设可以使同一品牌的多种产品之间在信号发送方面存在规模经济性。在劳动力市场中，除了上述的教育信号，还有职务信号发送的情况。企业拥有的本企业雇员工作能力信息比其他公司的信息更多。如果企业将雇员提拔到更高的职务上去，那么较高的职务对于企业外部来说将会是该雇员高工作能力的一种信号发送。所以企业为了能从高能力的雇员身上获得更多的收益，一般不会把最有能力的人提升到更高的职务。另外，解雇雇员方面同理，被公司解雇将是企业向外部释放的否定其工作能力的信号。在资本市场中，信号的使用也十分广泛。在信息不对称情况下，公司向外部传递的信号有很多，如利润宣告或股利宣告，指向市场展示企业的经营盈利情况，或预告公司的分红计划，将收益的一部分以股利的形式分派给股东。当然二者相比，由于会计处理可以操纵利润，所以股利宣告的信号可信度更高。另外还有一种典型的信号是企业的融资宣告。这指的是企业管理者通过调整资本结构，如调整自有股份比例或者改变债务权益融资比例，向资本市场传递企业经营状态的信号，降低企业内外部的信息不对称程度，缓解融资障碍。增加自由股份比例的信号，即公司作为经济法人加大持有自己的股份，可以向市场传递出公司发展前景良好的信息。而改变债务权益融资比例的机制较为复杂，因为一般而言，当股票的价格显著高于价值，即股价被市场高估的时候，管理者才会进行股权融资，所以反过来，如果企业开始发行股票融资，市场就会收到“企业被高估”的负面信号，投资者行为将会导致企业的股价下跌。公司也知道股权融资的后果，所以为了避免股价应声下跌的情况，一般优先进行企业的内部融资，其次考虑发行公司债券，最后才会考虑发行股票。这其实就是融资优序理论，即企业融资遵循内部融资、外部债权融资、外部股权融资的顺序。企业披露企业社会责任报告也是向外界发布信号，将不易观察的社会责任履行情况进行表达，从而塑造企业良好形象、展示企业可持续发展能力。此外，公司涉诉也是一种信号，表明企业面临的运营风险增加。

目前,信号理论已经发展出一套完整理论框架,包括信号、信号发送者、信号接收者、反馈以及信号发送环境等要素,在各领域都有广泛的应用。

2.2.4 委托代理理论

委托代理理论创始于20世纪30年代,目前已成为现代公司治理的逻辑起点。委托代理关系起源于"专业化"的存在。18世纪工业革命以来,随着企业规模的不断扩大和专业化分工的逐渐细化,市场总共迭代出现了三种形式的企业制度。最先出现的是业主制。这种形式的企业特点是规模小,决策全权由企业所有者即业主负责。后来演化出合伙制。不同于业主制,合伙制企业由一群合伙人共同负责,他们相互监督、群策群力,企业规模因而能够有所扩大。但毕竟合伙人的数量有限,每个合伙人的资金和风险承担能力有限,企业无法持续膨胀,并且对于原始出资人来说,也很难有充足的时间和精力参与企业的日常事务决策。于是公司制诞生,随着企业规模的不断扩大和市场经济的不断发展,企业所有者没有足够的精力或能力经营公司,一般会找更为专业的人士代理行使公司的某些决策权,人选可能是股东中的代表,也可能是聘请的职业经理人;企业的所有者只负责战略层面的规划。在公司制中,股东负有限责任,股份可任意转让,企业规模可以很大并无限存续,股东和经理职责上的分工也有利于提高运营效率。这种"一个或多个行为主体根据一种明示或隐含的契约,指定、雇用另一些行为主体为其服务,同时授予后者一定的决策权力,并根据后者提供的服务数量和质量对其支付相应的报酬"的情况,即产生了委托代理关系,其中授权者就是委托人,被授权者就是代理人。

专业化分工的做法可以将不擅长管理的股东从公司日常事务中解放出来,促进公司运营效率,但让渡经营权也存在弊端,所有权和经营权的分离,使二者目标不一致,从而产生问题。公司的所有者一般希望更低的风险与更高的投资回报率,而公司的经营者追求的是更高的薪酬、更好的声誉、更长的休假等。并且一般来说，公司的经营者即管理者对企业内部信息的掌握程度更高，较公司的所有者即股东和投资者来说具有信息优势。管理者有可能会利用信息差做出个人利益最大化而非股东利益最大化的短视行为，损害企业的长期利益。由于股东之间持股比例不同，大股东和小股东的目标也不完全相同。大股东可以向公司委派董事成员，掌握的公司信息更快、更准、更多，而小股东基本只能选择"用脚投票"。此外，相对于债权人来说，股东掌握的信息更多，但由于他们对项目风险偏好、各自承担风险的不同，股东会利用自身掌握的信息优势损害债权人的利益。综上所述，委托代理问题主要有三种形式：公司股东与管理层、大股东与小股东以及债权人之间的委托代理问题，其中公司股东与管理层委托代理问题尤为明显。

委托代理关系会引发代理成本。代理成本一般被认为包括签约成本、委托人的监督支出、代理人的保证支出以及剩余损失四项内容。签约成本包含隐性契约成本和显性契约成本；委托人的监督支出是指委托人监督代理人所需的费用；代理人的保证支出是代理人保证不损害委托人利益的费用，以及如果损害了委托人利益，代理人将赔偿的费用。代理人的决策可能和那些最大化委托人利益的决策存在偏离，这种导致委托人福利损失的差异也是一种代理成本，即剩余损失。代理成本一般有五个方面的影响因素。第一，信息不对称。比如管理者相对于股东具有信息优势，这种信息不对称会造成管理者的逆向选择问题和道德风险问题。第二，利益不一致。管理者和股东的效用函数不同，管理者往往容易使自身利益最大化而非股东利益最大化。第三，激励不相容。如果企业未施行与绩效挂钩的薪酬激励制度，那么管理者无论绩效高低都获得固定的约定薪酬，这将导致管理者没有动力辛勤工作为股东创造财富。第四，"搭便车"行为。小股东参与公司决策的成本很高，收益又仅限于所持有的股份，于是便产生了搭便车行为。这给大股东侵犯小股东利益创造了条件。第五，不确定性。股东、管理者及债权人签订的合约不可能穷尽未来所有的情况，各种不确定性可能引发代理冲突。

现代企业不断发展扩张，两权分离度越来越大，股权越来越分散，委托代理问题已成为每个公司都面临的挑战，严重的还会导致仲裁诉讼等事项的出现。为了减小委托代理问题带来的影响、降低由于委托代理问题带来的损失,需要进行公司治理。公司治理可以从内、外两方面同时进行。其中,内部治理机制主要是通过公司内部结构的改善使公司更加高效率运转,也就是说可以通过协调股东、董事会和管理层之间的权力关系来提高公司效率、降低代理成本。例如,引进机构投资者持股、设置独立董事、对管理者进行股权激励、给予管理者适当的休假以及推广企业文化等方式。外部治理机制中,公司作为资本市场的一部分,自然会受到市场上其他各方的影响。例如,分析师关注可以通过信息挖掘与信息分析降低信息不对称,改善公司信息环境,提高信息效率,从而使更多的投资者和债权人了解公司,间接地缓解委托代理问题,从而实现外部治理。具体地,分析师通过发布研究报告向投资者传递更多公司的财务状况和经营情况的信息,发掘出普通股东和债权人不易察觉的信息,他们具有非常专业的知识和职业判断,对管理层造成了一定的压力,间接对公司管理层进行了监督,减少投资者的信息处理成本,方便投资者更好地作出投资决策;债权人更了解企业的财务状况,以便确定合理的资金成本,减少借贷风险;小股东一般对于财务状况里的专业术语理解起来有一定困难,而分析师关注后出具的研究报告可以提高年报的可理解性,减少信息不对称,降低小股东的投资风险。

2.2.5 资源依赖理论

资源依赖的说法可以追溯到20世纪40年代,但资源依赖理论的正式提出是在1978年出版的《组织的外部控制》一书中。在被美国学者杰弗里·普费弗(Jeffrey Pfeffer)与杰拉尔德·R.萨兰西克(Gerald R. Salancik)提出后,资源依赖理论被广泛应用于组织关系的研究,并成为组织关系研究的一个重要流派。资源依赖理论,指的是一个组织不具备生产所有关键资源保证生存的能力,需要与环境或其他组织交换资源才能维系。该理论认为,没有一个组织可以做到资源完全自给自足,即组织赖以生存的关键资源无法完全由组织内部生产,所以组织为了持续发展,必须通过环境或其他组织获取资源。

对外部资源的需求构成了组织对外部的依赖,资源的稀缺性和重要性影响组织对外部的依赖程度。而在此之前,早期的组织理论主要聚焦于组织的内部制度,几乎不考虑外部因素对组织运行的影响。资源依赖理论的基本假设是,没有组织是自给自足的,组织需要与那些掌握关键资源且无法内部生产的组织进行互动交往,所以这种交往和谈判能力将决定组织的生存机会。面对从外部获取资源的不确定性和依赖性,组织需要不断改变自身的结构和行为模式,提高自身的议价能力,保证维持外部资源输入,并努力使关键资源的依赖最小化。

为了生存和发展,组织必须获得某些资源,这些资源是从组织外部获得的。在资源交换过程中,组织应与其他组织建立一定的关系。因此,其他组织行为将或多或少地影响组织情况。从这个意义上说,组织受外部环境控制。资源依赖理论可以解释组织通过与环境的相互作用而选择资源以适应环境的战略行动,并逐渐发展成为组织理论的重要分支。由于当时缺乏统一的均衡分析框架,它逐渐被以交易成本经济学为中心的新制度经济学流派的企业理论所取代。然而近年来,特别是 2005 年以后,一是由于资源依赖理论本身的发展,二是随着时代的进步,全球经济领域中越来越多的现象无法用企业理论来证明,因此,资源依赖理论在组织研究领域重新出现。

通过资源依赖理论可以看出,企业的发展过程不可缺少地需要外部资源的支持。如果企业获得资源的能力较强,那么其发展可持续性也较强。相反,当企业不具备较强的获得资源能力,企业发展的动力不足,此时企业面临的环境不确定性会更强。企业与环境有密不可分的关联,企业应当正视两者之间的关系,并利用好企业的主观能动性,使企业在当今不断变化的环境中持续长久地发展下去。

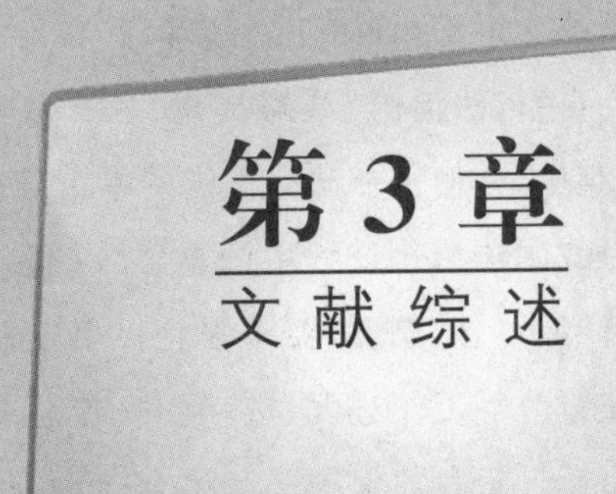

第3章 文献综述

3.1 公司诉讼相关研究

国内外对于公司诉讼的研究主要集中在由公司利益相关者发起的民事诉讼(Porta 等,1998; Kim 和 Skinner,2012),此时涉诉公司承担被告角色。实际上,在民事诉讼案件中,公司通常有原告和被告两种角色,由于逆向选择效应的存在,在司法诉讼实践中,公司往往会在纠纷模糊性较低,亦即信息不对称程度较低,或预期胜诉率较高时才会以原告角色涉诉(张维迎和柯荣住,2002),在这种情况下,诉讼的风险通常不是很高,因此大多数学者的研究重心通常放在公司被诉的风险上。但无论是作为原告还是作为被告,一旦涉诉,公司为达到预期结果都将不可避免地进行人力、物力、财力的投入,诉讼结果的下达及其带来的后续影响都可能给企业带来进一步的资金损失和人力消耗。作为解决利益冲突的一种高成本方式,诉讼通常被认为是一种次优的冲突解决方案(王彦超等,2008)。在这种情况下,公司潜在的涉诉可能性即被称为诉讼风险(王彦超等,2017)。

自“依法治国”战略提出以来,我国的法律环境产生了广泛而深远的变化,其中,如何依靠法律促进资本市场的良性发展、保护广大投资者的利益始终是我国法治化进程中的重要议题。国务院对资本市场违法犯罪行为始终秉持“零容忍”态度,要求强化民事赔偿和刑事追责力度,加快立法机关关于刑法修改等工作进度,进一步完善惩戒违法犯罪行为的法律制度,落实对资本市场投资者的保护。2020 年 3 月 1 日,修订后的《证券法》正式实施,为防控市场风险,提高上市公司质量,切实维护投资者合法权益,打造持续、平稳、健康发展的资本市场提供了坚强的法治保障。其中,专章规定的投资者保护制度成为新证券法的主要亮点之一。专章中提出了适应我国国情的证券民事诉讼制度,规定投资者保护机构可以作为诉讼代表人,按照“明示退出”“默示加入”的诉讼原则,依法为受害投资者提起民事损害赔偿诉讼。此外,新证券法顺应市场呼声所创设的具有中国特色的证券集体诉讼制度,为中小投资者提供了便利、低成本的诉讼渠道,全面、有效地保障了投资者的民事赔偿权利。整体而言,新证券法大幅提升了对资本市场违法违规行为的处罚力度,通过行政处罚、民事赔偿、刑事追责对资本市场违法犯罪行为进行多维度打击,从而进一步提高对证券犯罪的震慑力,更好地保护投资者的权益。2020 年 10 月 9 日,《国务院关于进一步提高上市公司质量的意见》发布。该意见明确指出,要“支持投资者依法维权,保护投资者合法权益”;“支持投资者保护机构依法作为代表人参加诉讼”;“坚持服务实体经济和保护投资者合法权益方向,把提高上市公司质量作为上市公司监管的重要目标”。2021 年 3 月,国务院直接将“完善投资者保护制度和存款保险制度”写入《中华人民共和国国民经济和社会发展第十四个五年规划和 2035 年远景目标纲要》中,再次重磅发声力挺投资者保护。

资本市场民事诉讼作为投资者维护其自身合法权益的重要手段,得到了多方有力保障,公司诉讼风险也逐渐引起实务界与学术界的广泛关注。目前,对于公司诉讼的研究主要集中在公司诉讼风险的影响因素和公司诉讼带来的经济后果两个方面。

3.1.1 公司诉讼风险的影响因素

现有文献对于公司诉讼风险前因的研究可以分为宏观和微观两个方面。宏观方面主要包括会计准则、市场环境、行业差异等；微观方面则主要包括公司内部治理行为和外部治理环境。

1. 宏观因素

会计准则的差异会对公司诉讼风险产生影响。目前，由国际会计准则理事会(IASB)制定的国际财务报告准则(IFRS)是全球公认和普遍采用的高质量会计准则。美国早期虽与IASB携手，致力于实现美国通用会计准则(US GAAP)与IFRS趋同的长期目标，但最终还是放弃了这项趋同工作，沿用US GAAP并致力于提高US GAAP和IASB之间的可比性(张为国，2021)。学界对于两类会计准则中哪一类会增加公司诉讼风险尚未形成统一的观点，主要有保护理论和路径理论两种主张。保护理论认为，以US GAAP为代表的规则导向型会计准则对公司的行为划定了更为具体的界限，公司涉诉时可以凭借准则规定进行辩护，从而降低诉讼风险(王瑞华和张奇渊，2004；Donelson等，2012)；路径理论则认为，规则导向型会计准则提供的详细行为参考反而会成为原告有力的起诉依据，从而增加公司的诉讼风险。

市场环境亦为影响公司诉讼风险的重要因素。经济基础决定上层建筑，诉讼作为上层建筑，与经济增长间存在显著的正向相关性(Clemenz和Gugler，2000；陈卫东，2019)。自党的十四大将建立社会主义市场经济体制作为经济体制改革的首要目标后，我国的市场化改革已取得举世瞩目的成就。但由于地理位置、资源禀赋和政策制度的不同，我国各地区间市场化程度仍存在较大差异。一般而言，市场化程度较高的地区往往会拥有较高的法治水平(王小鲁等，2021)，而法律体系越健全，对公司信息披露质量的要求就越高，对契约合同的保障程度也越高，公司诉讼风险也会随之上升(余劲松，2007)。

此外，行业差异也会对公司诉讼风险产生一定的影响。Kim 和 Skinner(2012)研究发现，尽管公司诉讼率在不同行业背景下存在显著的差异，但生物科技、电子、计算机和零售行业的涉诉概率却始终高于其他行业。

2. 微观因素

微观方面，公司诉讼风险通常会受到信息披露、盈余管理、内部控制等公司内部治理行为以及机构投资者、分析师、审计师等外部治理环境的影响。

信息披露是影响公司诉讼风险的重要因素，"规定动作"之外的自愿性信息披露会给公司诉讼风险造成影响。Lev(1992)提出公司可以通过自愿性信息披露有效降低涉诉概率。Skinner(1994，1997)进一步研究发现，即使诉讼赔偿不可避免，自愿性信息披露也可以降低赔偿金额，从而降低公司涉诉的成本。Field 等(2005)在通过联立方程组的方法控制诉讼和自愿性信息披露的内生性问题后，发现自愿性信息披露能够减少诉讼事件的发生，且披露较早的公司更易降低其预期诉讼的风险，为信息披露能够降低公司诉讼风险提供了实证方面的证据。但有一些学者认为信息披露对公司诉讼风险存在负面影响，如 Francis 等(1994)的描述性研究发现，公司过早披露坏消息反而会增加公司涉诉的概率，公司的事前防御机制并未有效阻止诉讼的发生。除了自愿性信息披露，不少学者使用文本分析法从年报中的文字信息出发，分析信息披露对公司诉讼风险的影响。Mohan(2006，2007)研究发现，公司披露的数字信息越多、关于公司历史业绩和未来前景的信息越多，公司遭到起诉的概率就越小；公司信息披露质量越高，其随后年度的涉诉风险就越低。Rogers 等(2011)判断年报用词的情绪倾向后发现，信息披露的基调越乐观，公司遭受诉讼的概率越大。Hogen 等(2015)基于美国上市公司年报财务信息准确性研究发现，自《SOX 法案》公布后，公司诉讼风险因财务信息不准确而显著上升。国内学者张俊瑞等(2017)则从企业的社会责任报告(CSR 报告)出发进行研究，发现 CSR 报告的发布能够缓解企业和外部利益相关者之间的信息不对称程度，减轻投资者、债权人等的投资风险，从而显著降低上市公司被诉的概率。

盈余管理是信息披露中的常见问题，也是影响公司诉讼风险的机制之一。Jones(1998)、Ducharme 等(2002)、Lu(2003)对盈余管理与公司诉讼之间的关系进行考察后均发现，公司盈余管理程度越高，股东诉讼发生的概率越大，且盈余波动程度与诉讼风险呈正相关关系。Ducharme 等(2004)发现，上市公司首次公开发行时的异常盈余越高，上市后公司的潜在诉讼风险越大，即盈余管理行为会增加诉讼风险。国内学者钱爱民和郁智(2017)指出，企业向上的盈余操纵会提高其财务风险，从而招致更高的诉讼风险。高敬忠等(2011)则从盈余预告的角度出发，发现为了降低管理层与投资者之间的信息不对称、更好地辅助投资者决策而进行的盈余预告，反而可能会给公司带来潜在的诉讼风险。这是因为，当盈余预告与实际盈余宣告存在差异时，投资者会认为管理层对其决策进行了误导，为维护自身权益，投资者可能会诉诸法律对管理层进行威慑。

围绕内部控制与公司诉讼风险之间的关系，国内外学者进行了积极的探索。合理保证企业经营合法合规是企业内部控制的第一要义，而"合法合规"正是公司避免涉诉的必要条件。Johnson 等(2001)对诉讼的决定因素进行实证研究后发现，公司内幕交易越多，其遭受诉讼的概率就越大，而内部控制作为内幕交易的有效抑制机制(Brochet，2010)，可以降低公司的涉诉风险。毛新述和孟杰(2013)以上市公司在年报中披露的涉诉次数和涉诉金额对诉讼风险进行测度，发现公司的内部控制越有效，其诉讼风险越低，且当公司面临由担保纠纷、借款合同纠纷等导致的诉讼风险时，内部控制可以起到更为显著的控制作用。林斌等(2013)以企业经营的合法合规目标为核心对内部控制与诉讼公司之间的关系进行实证检验后得出，内部控制质量与企业被诉概率呈负相关关系。刘慧和张俊瑞(2018)将诉讼风险的来源界定为"上市公司面临的尚未做出终审判决的'未决诉讼'"，认为高质量的内部控制能够显著降低上市公司发生未决诉讼的可能性，且这种抑制作用在"提起诉讼"与"被诉讼"两个方面都具有有效性，但在被告诉讼案件中的作用更为明显。

管理层的其他行为特征也会给公司诉讼风险带来影响。胡国柳和秦帅(2016)从企业引入董事高管责任保险(D&O 保险)的角度出发，研究这一行为对企业未来诉讼风险的影响。结果显示，D&O保险并未起到完善监督机制的作用，反而助长了管理层机会主义行为，导致企业未来诉讼风险加大，且这种影响在非国有企业中十分显著。王化成等（2018）研究发现，公司战略会对诉讼风险产生显著的影响，公司战略越激进，其涉诉倾向越显著，面临的诉讼风险越大；且诉讼结果也会受到公司战略的影响，公司战略越激进，败诉概率越高。杨肃昌和马亚红（2020）从我国上市公司客户集中度较高的现象出发，对客户集中度与公司诉讼风险之间的关系进行检验，结果显示，过高的客户依赖度可能会增加公司的诉讼风险。

除此之外，赵康生等（2017）对大股东持股比例与公司诉讼风险之间的关系进行研究，结果显示，大股东持股比例与公司诉讼风险之间存在显著的负相关关系，即较高的股权集中度有助于降低公司涉诉的概率。王文姣等（2017）则通过构建"独立董事网络—信息双向传递—公司被诉风险"的理论分析框架，发现独立董事网络虽未能强化独立董事的监督职能，但能够通过促进公司内外部间的信息双向传递改善公司信息环境，从而降低公司的诉讼风险。刘巍等（2020）进一步关注具有法律背景的独立董事这一群体，构建"法律独董—公司配对"数据，发现上市公司法律独董会对公司诉讼风险产生显著的影响，公司聘请的法律独董越多，越有助于降低企业的涉诉概率。

值得注意的是，企业的外部治理环境对公司诉讼风险也起到不容小觑的作用。Pukthuanthong 等（2017）以持股时间为切入点探究了机构投资者持股对公司诉讼风险的影响，研究结果显示，短期机构投资者在事前并不能降低诉讼风险，其更注重在事后对涉诉企业进行监督，与短期机构投资者相比，长期机构投资者能够显著降低公司涉诉的概率。Mazur 等（2018）则从地理距离出发研究机构投资者持股对公司诉讼风险所起的作用，发现机构投资者与公司之间的地理位置越近，越有助于降低公司诉讼风险。此外，分析师作为缓解公司和投资者、债权人等利益相关者之间信息不对称现象的"润滑剂"，对公司诉讼风险或能产生一定的影响。张俊瑞等（2016）的研究证实了这一点，除了降低信息不对称程度，分析师还能通过提高外部利益相关者的监督力度、发布盈余预测等信息为债权人提供可靠参考的方式显著降低公司的诉讼风险，且分析师跟进数量越多，这种效应就越显著。除分析师外，审计师出具持续经营审计报告的行为也有助于降低公司涉诉的概率(Carcello 等，1994)。

3.1.2 公司诉讼造成的经济后果

诉讼风险之所以能够引起广泛重视，是因为企业如果不及时加以制止，将会遭受更高的财务风险、经营风险和声誉风险，这种消极的信号传递到市场，将会引起外部利益相关者行为的转变，进而影响到企业融资、信息披露、盈余管理、创新行为等经营管理的方方面面，造成企业价值流失，危及企业的生存与发展。

1. 公司诉讼对融资环境和企业价值的影响

当公司与利益相关者产生冲突时，采用公司诉讼解决问题是一种负和博弈，败诉方会面临高额诉讼费用、企业声誉受损等诸多影响企业经营可持续性的问题(Autore 等，2014)；胜诉方看似因诉讼获益，但其获益却可能远低于败诉企业的损失，中间会存在大量损耗(Tan，2016)。据统计，相当一部分涉诉上市公司的涉案金额超过了其上年的净利润乃至营业收入，严重影响了企业的正常经营(毛新述和孟杰，2013)，加剧了企业未来的流动性风险(Gatev 和 Strahan，2009)；如此巨额的损失对于中小企业而言甚至可能是灭顶之灾(赵康生等，2017)。由借贷和担保引起的资金类诉讼会严重影响企业的财务自由度，进而影响研发等非刚性项目的投资，抑制企业的创新活动(潘越等，2015)。

除此之外，企业涉诉还可能造成管理层的动荡。Autore 等(2014)指出，诉讼纠纷会造成企业管理人员注意力分散，甚至导致高管交替。张俊瑞和刘慧(2016)验证了公司诉讼风险主要来自未决诉讼，并从涉诉频率和涉诉金额两个维度对未决诉讼进行衡量，研究发现未决诉讼的涉诉频率越高、涉诉总额越大，对高管薪酬敏感性的负向影响越大，这在一定程度上说明，诉讼风险会使高薪酬敏感性的激励作用失灵。

公司诉讼还会引起审计师的关注。根据Simunic(1980)提出的审计定价模型,审计收费不仅应当包含审计过程中审计师所投入的人力、物力的时间等审计资源成本,还应包含因潜在的民事赔偿责任而要求的风险补偿。诉讼风险的存在不仅会增加审计师为发表正确审计意见而投入的审计资源,也会提高审计师因承担潜在风险而要求的溢价补偿。冯延超和梁莱歆(2010)收集了我国上市公司的经验证据,研究发现在控制其他因素影响后,上市公司的诉讼风险越高,审计收费越高。刘颖斐和张小虎(2019)通过中介效应检验,发现当公司诉讼风险较高时,风险导向模式下的审计师会将这些风险作为审计工作中的重点,并以关键审计事项的形式向市场传递信息,导致审计费用的增加,从而厘清了公司诉讼风险对审计收费的影响机制。姜涛和尚鼎(2020)在已有文献的基础上重点关注了公司诉讼对显著高于正常审计费用的正向异常审计费用的影响,研究结果显示,公司诉讼风险与审计师收取正向异常审计费用的概率之间呈正相关关系;且在公司诉讼风险较高时,若审计师出具标准审计意见,则其更倾向于收取正向审计费用补偿风险。除了审计收费策略,审计师还会采取审计意见策略,如为陷入诉讼纠纷的公司出具非标准意见的审计报告(冯延超和梁莱歆,2010;姜涛和尚鼎,2020)、延长审计报告时滞(刘慧等,2018)等以规避法律责任风险和声誉风险。

综上,企业陷入诉讼纠纷后承担的种种显性成本与隐形成本会对企业的财务状况和经营业绩产生负面的影响,而这种影响远不及市场对涉诉企业施加的惩罚(Sanjai和Roberta,2002)。企业涉诉往往是因为与其利益相关者之间产生了不可调和的矛盾,甚至对利益相关者的利益产生了侵害,这种行为会向市场传递出消极信号,导致债权人和股东对企业产生信任危机(Engelmann和Cornell,1988)。为防范公司未来可能的非法行为或机会主义行为带来的风险,债权人和股东会要求更高的风险溢价,导致企业的债务融资成本上升,陷入融资困境(林斌等,2015;刘慧等,2016;王彦超等,2016;司海平等,2021)。而融资约束的加剧还会给涉诉企业带来一系列后续影响,如为了增加预期资金持有量,提高预期用于投资的可支配资金持有水平,被诉企业会显著缩减资产,尤其是金融资产的配置(苗妙和邓肖娟,2019);企业为了避免因获得非清洁审计意见而造成融资环境的进一步恶化，会倾向于购买审计意见，以对冲财务风险（秦帅和刘琪，2019）。

此外，管理者对诉讼事件这一“坏消息”的披露，还会损害公司股票市场的表现。法律诉讼公告对股票短期流动性（Gande 和 Lewis，2009）和较长时期内的流动性（周开国等，2015）均有显著的负面影响。Firth 等（2011）对中国上市公司进行研究后发现，无论是原告方还是被告方，诉讼公告的发布都会带来负向的市场反应，表现为公司股票价格下降和公司价值流失。林斌等（2013）则对企业内部控制、公司诉讼和公司价值之间的关系进行研究后发现，诉讼纠纷会降低公司价值，若企业的内部控制质量不佳还会加剧这种影响。

2. 公司诉讼对盈余管理的影响

为减少因诉讼纠纷带来的潜在损失或风险，企业会通过盈余管理活动达成自己的目的。在企业声誉受损、市场信心不足的情况下，管理层确有动机为了挽回投资者、稳定市场通过提高盈余水平向外界传递出经营良好的信号。但向上盈余管理行为潜在风险较大，一方面，较高的盈利水平可能会使利益相关者认为企业侵害其利益是有意为之，从而使利益相关者与企业之间的关系进一步恶化；另一方面，盈余水平提高会让外界认为企业有能力承担相应的诉讼成本，从而使企业丧失潜在的政府补贴或债务豁免机会。因此，企业在面临诉讼风险时更有可能采取向下的盈余管理。王彦超等（2008）、钱爱民和郁智（2017）均认为，诉讼风险会促使企业采取更多的盈余管理活动，尤其是负向盈余管理活动。王彦超等（2008）发现这一现象在地方政府控制的上市公司中更为显著；钱爱民和郁智（2017）则发现企业产权性质和政治联系也会对诉讼风险与盈余管理之间的关系产生影响，与国有企业和有政治联系的民营企业相比，没有政治联系的民营企业中诉讼风险加剧企业盈余管理活动的作用更加显著。

3. 公司诉讼对信息披露的影响

Healy 和 Palepu（2001）曾将企业进行自愿性信息披露的动机概括为六个

方面，其中之一为诉讼成本假说，即公司诉讼风险会对自愿性信息披露产生重要影响。具体而言，诉讼风险会影响到企业进行自愿性信息披露的意愿、发布信息的性质与准度以及发布信息的时点。

诉讼风险的增加可能会增强企业进行自愿性信息披露的意愿，特别是坏消息的披露水平。Cao 等(2001)的研究发现，在诉讼风险增加时，公司会提前披露更多的坏消息以及更少的好消息，且所披露的坏消息的内容准确度有所提高，但是好消息的内容准确度与发生诉讼前相比并无变化。Naughton 等(2019)也发现，预期诉讼成本越高，公司自愿性披露水平越高。李从刚等(2019)通过研究上市公司购买董事高管责任保险后自愿性披露的变化，识别出诉讼风险对自愿性信息披露具有正向影响。

但有些学者认为，诉讼风险的增加可能会削弱企业自愿性信息披露的意愿。Rogers 和 Buskirk(2009)发现，当公司出于好意披露的信息成为被起诉的证据时，管理层为降低未来风险会一改前态，降低未来的自愿性信息披露水平，以避免承担相应的责任。此外，诉讼风险还会对企业发布的预测性信息如盈余预告造成影响。这是因为，由于外界环境的不确定性，企业所发布的预测性信息与实际发生的情况之间会存在偏差，这种信息偏差可能会导致投资者决策失败，从而使企业遭受潜在的诉讼风险。高敬忠等(2011)研究得出，当企业被诉的概率变大时，管理层会选择更不精确和更不及时的方式进行盈余预告的披露；与好消息盈余预告相比，管理层会对坏消息盈余预告采取更加乐观的态度倾向。而 Billings 和 Cedergren(2015)则发现，诉讼风险还会促使上市公司管理层采取机会主义行为，通过控制信息披露的时点谋取私利。事先获知公司盈利会大幅下降后，管理层会缄口不言，不进行任何相关信息的披露，并在消息的平静期减持股票，完成减持后才发布盈利预警。

4. 公司诉讼对公司治理的影响

越来越多的学者从不同利益相关者的视角，对公司诉讼所起的外部治理作用进行研究。

诉讼机制可以有效降低企业的违约风险。祝继高(2011)研究了诉讼情境下的银企之间关系，结果显示被银行起诉的企业为继续获得贷款支持，会采取更加稳健的会计政策。王彦超和王语嫣（2018）则发现，由于诉讼的发生使得企业外部筹资渠道变窄，企业为提高风险应对能力会通过改变现金持有策略增大现金持有量。企业的这些行为都可以显著降低其日后发生违约行为的概率。此外，债权人还能通过诉讼机制在一定程度上对大股东的行为进行约束，遏制其对上市公司的掏空行为，保护自身的利益（王彦超和姜国华，2016）。

此外，诉讼风险的存在还会使企业履行更多的社会责任。戴亦一等（2016）基于合法性理论、关系理论和信号理论对诉讼风险与企业慈善捐赠之间的关系进行分析，研究发现在ST（特殊处理）企业中，诉讼风险能够显著地提高企业捐赠的可能性和捐赠水平。傅超和吉利（2017）则从“声誉保险”视角出发，发现诉讼风险和企业慈善捐赠之间存在显著的正向关系，且企业前期的败诉经历对本期慈善捐赠的作用更加明显。

3.2 融资约束的影响因素研究

3.2.1 融资约束的影响因素

Fazzari等（1987）最早关注到企业的投资面临融资约束的影响。由于不完美市场的存在，企业内外部存在信息不对称的现象。企业内部的代理问题和逆向选择频频发生，从而导致企业的外部融资成本高于内部融资成本。当自有资金不足以满足企业的投资意愿时，企业寻求外部融资所面临的摩擦即融资约束。融资约束会受到多方因素的影响，现有文献对于融资约束影响因素的研究可分为公司内部因素与公司外部因素两个方面（图3-1）。

企业特征如企业规模、股价崩盘风险、流动性等会给企业的融资约束带

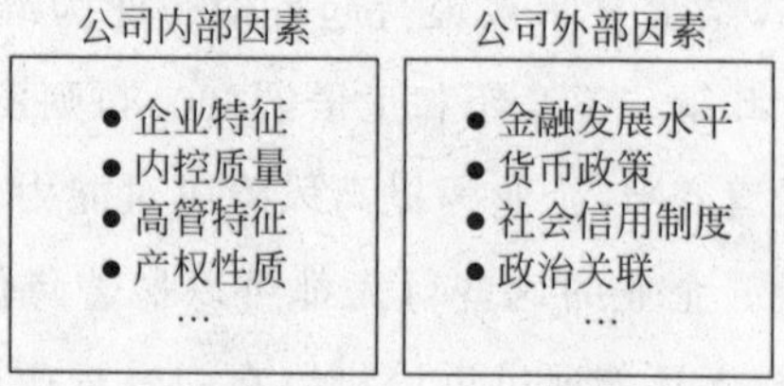

公司内部因素	公司外部因素
● 企业特征 ● 内控质量 ● 高管特征 ● 产权性质 …	● 金融发展水平 ● 货币政策 ● 社会信用制度 ● 政治关联 …

图 3-1　融资约束的影响因素

来影响。程小可等(2013)研究发现,有效的内部控制可以显著降低融资成本,融资成本的降低意味着融资约束的缓解,即高质量的内部控制可以有效缓解企业所面临的融资约束。顾奋玲和解角羊(2018)改进了过往以报表中费用融资比来衡量融资约束的方式,采用"现金—现金流"模型对融资约束进行衡量,发现企业内部控制缺陷程度与其面临的融资约束存在显著的正相关关系,完善的内部控制体系能够通过改善信息不对称和代理问题缓解企业的融资困境。石晓军和张顺明(2010)则认为企业的商业信用对融资约束具有缓解作用,并通过随机前沿模型对此进行了验证。

除此之外,高管特征也是影响企业融资约束的因素之一。陈晓红和高阳洁(2013)将中小上市企业作为研究对象,采用层级回归的方法,研究了企业家人口统计特征如受教育程度、职称、年龄和任期对中小上市企业面临的融资约束的影响与作用机制。研究结果显示,企业家受教育程度及其职称越高,越能够缓解中小企业面临的融资约束;年龄和任期则会对融资约束产生显著的U形影响,即一旦超过某一年龄和任期,企业家对融资约束的影响便会由正转负。张涛和郭潇(2018)指出,公司投资决策时面临的融资瓶颈会诱发高管的逆向选择和道德风险,造成企业代理成本的上升,从而影响信贷机构的信贷决策。研究发现,企业实行高管薪酬契约激励机制能够降低公司的监督约束成本,并通过信号传递机制向市场释放积极信号,获得更多债权人的支持,为企业争取更多的银行贷款和商业信用等外源资金,从而有效缓解企业面临的融资约束。

不同产权性质的企业的融资约束情况也有显著的差异。结合我国的特殊国情,学者们普遍认为,相较于大型国有企业,民营企业的融资约束通常更为严重，更易遭受“信贷歧视”。一方面，国有企业相对于民营企业来说更容易获得政府的政策支持，如政府补贴、贷款低息等；另一方面，除了显性支持，政府还会为国有企业提供隐形担保，这种天然的政治关系提高了国有企业的信用能力，银行也更倾向于为国有企业提供贷款。但也有部分研究发现，国有企业受到的融资约束更为严重。王家庭和赵亮（2010）利用随机前沿计量分析法发现，在我国商业银行市场化进程加快的背景下，由于国有企业经营业绩普遍较低，银行为了控制不良贷款率、减少坏账，降低了对国有企业的贷款力度，加剧了国有企业的融资约束问题。此外，庞廷云等（2019）以混改为背景，发现混合股权即引入非国有股东能够缓解国有企业面临的融资约束问题。

再者，信息披露也是影响融资约束的重要因素。作为信息优势一方的公司管理层，及时高质量地进行信息披露可以有效缩小自身与外部投资者和债权人之间的信息差距，获取信赖，减少不必要的代理冲突，提高会计信息质量、降低融资成本，从而缓解融资约束问题，学者围绕信息披露状况对融资约束问题的影响展开研究，认为信息披露和分析师关注都可以起到降低融资成本、拓展融资渠道的作用。此外，利好消息的披露也会影响到企业的融资约束状况。诸如慈善捐赠等体现企业履行社会责任的信息披露可以提高企业的声誉，有助于投资者进行更为准确的企业价值评估，从而可以缓解企业的融资约束问题。当然，“坏消息”的披露也会影响融资约束。宫义飞和夏艳春（2019）认为，当公司被出具持续经营审计意见时，企业的信用评级、股价和声誉就会受到影响，从而加剧融资约束。

影响企业融资约束的外部因素则主要有金融发展水平、货币政策、社会信用制度以及银企关系、政企关系、政治关联等。朱凯和陈信元（2009）研究发现金融生态环境对公司面临的融资约束有显著的影响，金融发展程度与公司融资约束间呈负相关关系，金融市场越发达，公司的融资约束越小。叶康涛和祝继高（2009）讨论了货币政策对于信贷资源配置效率的影响，研究显示在银根紧缩阶段，为了照顾国有企业、稳定就业等非经济效率目标，企业受到的融资约束普遍上升，在高成长行业尤为明显。武晓芬等（2018）则发现，良好的外部社会信用制度能够对企业的外部融资环境起到改善作用。而对于民营企业,积极建立政治关联能够增强企业的资源获取能力、降低资金供求双方的信息不对称现象,从而改善其所面临的融资约束(于蔚等,2012)。此外,不少学者发现,机构投资者持股可以优先缓解企业融资约束问题。机构投资者作为重要的外部治理机制,不仅可以利用自身的分析师团队对企业信息进行收集和分析来获得、传递与释放更多信息,还可以监督企业提高信息对外披露质量,降低与外部投资者的信息不对称程度。此外,甄红线和王瑾乐(2016)发现机构投资者能够减轻企业的融资约束,但随着其持股比例的提高,当持股比例达到一定程度后,对企业融资约束的缓解作用会明显减弱。

3.2.2 融资约束对企业创新投入影响的相关研究

企业研发创新活动持续稳定地开展需要充足的资金投入,然而大部分企业在经营过程当中都会面临"融资难"的困境。为了缓解企业的融资约束,降低因资金不足对企业创新造成的抑制作用,国内外学者对融资问题和企业创新研发投入间的关系展开了大量的研究。

1. 国外关于融资约束与企业创新活动的研究

国外学者的研究显示,企业创新活动受融资约束影响的现象十分普遍。Himmelberg 和 Petersen(1991)指出企业的创新活动是存在融资约束的,与其他投资活动相比,创新活动受到的融资约束更为严重,对企业创新活动进行外部融资的难度更大。Harhoff(1998)对 600 家德国制造企业展开研究,结果显示这些企业在开展研发创新活动时确实面临融资约束问题,且这一现象在小企业中更加普遍。Bougheas 等(2003)对爱尔兰企业展开研究,结果显示由于爱尔兰的企业多为中小企业,企业内部缺乏雄厚的资金支持,其创新活动更易面临融资约束现象。

融资约束对企业创新投入具有反作用。当企业所处的融资环境约束较多时,即使一项投资的预期净现金流量的现值为正,企业也可能因为资金不足而选择放弃该项目,从而造成企业投资不充分。企业创新有高风险、长周期性的特征,相比其他回报快的项目,受到的融资约束影响会更为明显。Bond等(1999)基于1985—1994年英国和德国的企业数据,通过实证分析发现企业的创新投入具有高度的现金流敏感性,融资约束的存在会束缚企业对创新活动的投入。Silva和Carrerira(2012)通过对葡萄牙企业进行研究,发现当企业面临外部投资不足且政府补助匮乏时,会遭遇融资瓶颈,融资约束的存在使企业大幅度缩减创新投入,严重阻碍了企业的技术进步。Guariglia等(2014)通过对中国的企业进行研究,实证分析显示融资约束与企业的研发创新投入呈显著的负相关关系,但是企业的产权性质对这一关系可以起到一定的调和作用,缓解企业的融资问题对创新活动的影响。Sasidharan等(2015)选取印度企业作为研究对象,指出企业的内部资金会影响企业的创新投入,同时企业实行集团化对缓解企业面临的融资约束难题并不起任何效果。

2. 国内关于融资约束与企业创新活动的研究

目前,国内资本市场发展比较滞后,还处在一个起步阶段,同时我国企业又需要凭借研发创新来提高企业市场竞争力以及企业价值,融资约束的存在使我国企业总体的研发水平处在一个比较低的位置。在企业融资约束问题存在性方面,吕玉芹(2005)对我国中小科技企业的研发融资现状进行了分析,指出其研发资金经常处于一个短缺的状态,并提出完善税收优惠政策、创新融资手段、建立多渠道研发融资渠道等建议。康志勇(2013)基于制造业企业的数据,发现我国企业在进行创新活动时,面临融资约束问题的可能性很大,政府支持可在一定程度上缓解这种资金不足对创新的抑制效应。代红苗等(2014)基于2009—2012年我国355家创业板上市公司的面板数据进行实证研究,发现创业板公司通过外部渠道获取的资金十分有限,只能依赖于内部资金来开展创新活动,而内部资金往往有限,因此是存在融资约束的。孙研(2017)对我国中小板和创业板上市公司进行研究发现,我国企业普遍面临严重的融资约束问题,而外部投资在一定程度上能够缓解企业创新的融资问题。

关于融资约束和公司创新投入,总结大量国内学者的研究发现,主流的观点也是融资约束会限制企业对创新项目的研发投入。解维敏和方红星

(2011)以我国上市公司为研究对象,实证分析得出企业要开展创新活动,必须投入持续性的充足资金,当面临融资约束时,企业的创新资金不足,企业的创新活动可能就此中断甚至停止。金融发展能拓宽企业的融资渠道,使企业创新投入资金增加。张杰等(2012)选用我国微观企业数据,分析了融资约束对不同股性质企业的创新投入的影响,指出相比国有企业,民营企业的创新投入更容易受到融资约束的限制。蔡地和万迪昉(2012)通过对我国民营企业进行研究得出,企业的创新投入会随着融资约束程度的降低而增加,同时也会激发企业参与研发活动的积极性,对于中小企业来说,这一影响更为显著。卢馨等(2013)对我国高新技术企业展开研究,指出它们都在一定程度上遭遇了融资瓶颈问题,其会限制企业的创新投入,充足的现金持有量可以缓解融资约束的对冲效应。鞠晓生等(2013)运用中国部分非上市公司的面板数据,指出不稳定的融资来源也会对企业的研发创新活动产生不利影响,而营运资本多的企业能够对此抑制现象产生一定的平滑作用。曹献飞(2014)认为内源融资和外源融资都会对企业的创新投入产生一定程度的影响,二者对产权性质不同的企业的影响不同,内源融资约束仅会影响民营企业,而外源融资约束通常会抑制所有类型企业的创新研发投入。周开国等(2017)通过研究发现融资约束问题不仅不利于自身的创新活动推进,也会影响到企业的协同性研发,严重阻碍企业的创新发展。王雅琦和卢冰(2018)认为融资渠道狭窄是企业遭遇融资困境的一个重要原因,当制造业企业面临严重的融资约束时,企业的研发创新活动会受制于短缺的资金。

3.3 企业创新的影响因素研究

1934年,创新理论鼻祖熊彼特在其《经济发展理论——对于利润、资本、信贷、利息和经济周期的考察》一书中首次提出“创造性破坏”的概念,他认为有价值的竞争不是价格的竞争，而是新产品、新技术、新供应来源、新组合形式等的竞争。不断地新旧更迭，用新产品将旧产品从市场上挤出，才会出现企业家获取超额利润的机会。

持续创新是企业提高核心竞争力、保持行业先进水平的重要手段，也是企业谋取利润、赖以生存的保障，更是社会经济增长的源动力。因此，创新受到了学术界、实务界乃至政府部门越来越高的关注；对于企业创新的研究层面也不断地拓宽。本节将从宏观制度层面（包括政治法制等）和微观企业个体（包括公司治理等）对影响企业创新的因素进行总结与述评。

3.3.1 宏观制度层面因素

1. 政府行为与企业创新

政府宏观上的调控，如征纳税款、立法监管及维护正常经济运行机制等，可以起到保护知识产权和合理管制经济贸易秩序的作用。政府采取的各种手段会直接或间接性地对企业创新活动产生正面或是负面的影响。Mahmood 和 Rufin(2005)的研究结果发现，政府的相关政策支持与企业创新具有显著的正向关系。而刘海飞和贺晓宇(2017)也发现，提高区域金融的聚集程度，会激励企业加大其研发投入的力度。但是，如果地方政府干预了金融资源的配置，金融集聚对于企业创新活动的推进作用就会减弱。康华等(2015)通过研究发现，国家创新政策的实施对企业的创新活动具有促进作用。然而这种促进作用往往具有一定的时滞，当政策出台 1～2 年后，政策对企业创新的促进作用才会在一定程度上有所显现。贺炎林和朱伟豪(2017)以深圳证券交易所 2014 年上市企业为研究样本，发现我国政府的财政补贴与企业的研发投入存在正相关关系，并且在非国有企业中，这种正向关系更为明显。潘亚岚和蒋华(2012)通过实证研究发现，我国政府的科技补助越高，越有利于激励企业研发投入水平的提升；企业的所得税税负越低，企业的研发投入水平就越高；另外，政府的流转税激励政策在一定程度上也会促进企业研发投入。Lin 等(2010)认为政府的相关税收优惠政策的实施与企业的创新存在显著的正相关关系。

2. 制度法律环境与企业创新

在制度层面,党力等(2015)利用双重差分模型研究发现,政府出台相关的反腐败政策后,具有政治关联企业的研发支出不仅没有降低,反而在一定程度上有所增加。这表明反腐政策也能够在一定程度上助力企业的创新研发。权小锋和尹洪英(2017)同样利用了双重差分模型,从卖空机制的视角,对其与企业创新行为间的关系进行了研究,结果发现卖空机制能够约束卖空市场,从而更为有效地促进管理层的创新行为,这也说明了卖空机制能够促使企业更加积极地进行创新研发。余明桂等(2017)研究发现政府发布的与产业相关的政策,能够使企业发明专利明细增多,且在民营企业中,这种促进作用更为显著。黎文靖和郑曼妮(2016)以我国上市公司的专利相关数据为样本,对产业政策也进行了相关研究,发现企业非发明专利的申请数量会随着产业政策的出台大幅增加,而研究专利的质量却未有显著提高。

在法律层面,由于法律法规的变化以及国家的政策变动基本都是外生的,所以通过双重差分模型识别的处理效应不会受到自变量与因变量互为因果的干扰,这可以帮助研究者更好地控制模型的内生性问题。由于该计量方法首先在国外普及,国外的学者就法案出台或者法律修改对企业创新的影响做了许多有益的尝试。

一方面,研究者发现金融市场的法规变化或者是重大改革事项都会改变管理者的研发激励。He 和 Tian(2013)利用美国证券交易委员会放松卖空限制作为外生冲击,发现相比不能卖空的上市公司,能够卖空的上市公司企业创新的水平更高,而且这种正向的激励作用在代理成本较高和信息透明度较低的企业中更为明显。Fang 等(2014)以监管机构对于最小报价单位(tick size)的调整作为外生冲击,采用双重差分模型进行研究,发现股票流动性的上升会抑制企业创新。这主要是因为股票流动性的上升降低了交易成本,从而导致许多从事短期交易的投资者的进入以及价值型投资者的退出。而交易型投资者只关注股票交易的短期获利，并不会花费精力监督管理者以期实现公司经营效率的上升。在缺乏有效监督和激励的情况下，管理者的行为会变得短视，为了增加短期的盈余，他们会削减创新投资。另外，流动性的上升也增加企业被恶意并购的风险，而这会加重管理者的短视行为，从而对企业创新造成不利影响。但是，中国资本的经验证据却与之相反。Tan 等(2014)利用 2005 年我国实施的股权分置改革作为外生冲击事件，研究发现股票流动性的上升对企业创新有正向的激励作用。他们的研究进一步发现，这种正向的激励作用主要是通过提高控股股东与中小股东的利益关联度、提高股票价格的信息含量以及改善风险承担实现的。不过，虽然他们的研究是基于中国市场展开的，但是存在比较严重的内生性问题。因为股权分置改革本身就是为了解决国有法人股流动性不足，所以这并不是一个外生的冲击事件。

另一方面，法律制度的变迁以及监管条例的变化影响企业的创新活动。Acharyaetal(2014)梳理了美国各州颁布的不正当解雇法(wrongful discharge laws)，而颁布这些法律的主要目的是限制雇主对雇员权益的侵害。其研究发现，在这些法律颁布后，企业员工在创新活动方面的努力程度明显提高。倪骁然和朱玉杰(2016)也发现中国在 2007 年颁布《中华人民共和国劳动合同法》之后(《中华人民共和国劳动合同法》更加强调保护劳动者权益)，劳动密集型企业的研发投入和研发产出明显增加，进一步研究发现这种效应在创新需求较高的行业、竞争程度较高的行业和民营企业中更为显著。Acharyaetal(2010)的研究发现严格的劳动法不允许雇主随意中止或者重新商议劳动合同，这体现出对劳动者权益的极大保护。而这些法律条款使企业对创新失败的可接受程度大大降低，因此在某种意义上增加了企业的创新产出。Achary 和 Subramanian(2009)研究了破产法对企业创新的影响。他们发现对于债权人比较有利的破产法会抑制企业创新，这是因为股东在公司运营中会尽可能避免举债，以避免在破产时被债权人强制清算。而这会减少股东可以用来投入的资金。Atanassov(2013)利用反收购法的通过作为 DID 的外生冲击事件，发现相比未通过反收购法的州，通过该法的州的公司具有更强的创新能力。因此，他认为敌意收购会对管理者造成压力，迫使他们只关注短期利润，忽视对企业核心竞争力的培养。Chemmanur 和 Tian(2017)采用断点回归的方法,发现在公司反并购条款被通过的投票临界点附近,通过该条款的公司比没有通过该条款的公司表现出更高的创新水平。这主要是因为反并购条款可以降低管理者短视的程度,减少其面临的短期盈利压力,从而确保企业将更多的资源投入创新领域。余明桂等(2017)以国务院国有资产监督管理委员会修订《中央企业负责人经营业绩考核暂行办法》为事件冲击,发现央企的创新水平在新政策实施后的确显著提高了。

3. 金融市场与企业创新

Levine(2005)认为金融发展是促进经济增长的重要外部制度因素,而这种促进作用主要来源于金融市场对企业创新活动融资便利性的提升。一方面,由于企业创新依赖于长期持续的资金投入并且中断的沉淀成本极高(Hall,2002),如果没有发达的金融市场而仅依靠企业的自有资金,企业的创新活动难以持续。另一方面,企业创新是一种信息不对称程度极高的财务行为,外部的投资者以及债权人完全无法获得项目的具体进展。不仅如此,企业创新的阶段性成果难以形成抵押品,无法实现信用扩张。因此,金融市场还承担价值发现的功能:为感兴趣的市场主体揭示相关信息,缓解双方的信息不对称程度。

Brown 等(2009)利用美国高科技行业上市公司的数据,发现股票市场的变动趋势与企业 R&D 投入的变动趋势具有很高的同步性。同时,这种变动趋势的一致性在初创的小企业更明显。这说明企业的研发投入主要依赖于股权融资,当股票市场不景气时,企业股权融资的能力下降,企业的研发投入自然减少。Brown 等(2012)利用英国、德国、法国等 16 个欧洲主要国家的数据,再次证实了股权融资对于企业创新的重要性。当金融危机来临或者货币政策出现紧缩时,金融市场将受到冲击,企业的研发活动也因此受到影响。Bloom(2007)的研究发现经济衰退所引发的外部冲击会导致企业财务行为趋于谨慎,因而削减高风险的研发投入。马光荣等(2014)的研究也发现在货币政策紧缩时期,企业的研发支出明显下降,甚至出现中断。当然,为了避免冲击对企业创新造成负面影响,企业也有应对之道:一方面,企业会选择持有更多的现金(Brown 和 Peterson,2011);另一方面,企业会利用营运资本管理来平滑研发投入,降低负面冲击对研发活动所造成的影响(鞠晓生等,2013)。

以银行贷款为主的关系型债务是企业研发资金的重要来源之一(温军等,2011),国家对于银行业的改革措施也会影响企业创新的资金投入。Chava 等(2013)以及 Amore 等(2013)的研究都发现允许美国的银行在州内进行兼并收购加重了银行的垄断程度,从而降低了民营初创公司的研发支出。相反,允许美国的银行在州之间进行并购减轻了银行的垄断程度,从而增加了民营初创企业的研发支出。这说明金融行业解除管制、降低行业壁垒可以对实体经济起到支持作用。但是 Comaggia 等(2015)的研究利用相同的数据却发现金融业放松管制虽然提高了银行业的竞争程度,但却对企业的创新活动造成了负向的抑制作用。其在细分样本后发现,银行业竞争程度的提高对民营的小微企业具有正向的促进作用,尤其是在融资依赖外部的企业中,该效应更为明显。相比而言,上市公司的规模越大,对其抑制效应越明显。解维敏和方红星(2011)通过对银行业市场化改革的研究发现,随着改革的不断深化,对上市公司的研发投入有正向的促进作用,并且受企业规模和产权性质影响。唐清泉和巫岑(2015)也发现随着我国银行业的寡头垄断程度下降,市场竞争水平上升,企业研发的融资约束得到了明显的缓解,而且这种效应在民营企业、高科技企业以及小型企业中更为显著。

股权融资与债权融资,究竟哪种方式可以更好地促进企业创新?这个问题一直是学术界争论的焦点。Hsu 等(2014)收集并整理了全球 32 个发达国家以及新兴经济体的面板数据,他们发现在权益融资便利程度较高的国家或者地区,高科技行业的创新水平明显更高。相反,在信贷市场发达的国家或者地区,高科技行业的创新水平明显更低。他们将这种差异归因于权益市场具有更为合理的收益风险分配机制。张一林等(2016)十分赞同上述观点,但是认为由于信息不对称的存在,管理者也有攫取股东利益的动机,因此股权融资对技术创新企业的支持必须建立在制度完善的前提下。由于中国制度环境的不完善,温军等(2011)认为债务融资反而可以更好地促进企业创新,尤其是以银行贷款为主的关系型债务。这主要是因为在中国，上市公司“一股独大”的现象比较严重，债权人通过更好地监督控股股东，提高了研发的效率。不可忽视的是，资本市场的发展也可能使管理者更为短视，从而对企业创新带来负面影响。Bernstein(2015)比较了在纳斯达克成功上市与在上市前撤回上市申请的公司，他发现当公司的股票可以自由流通之后，企业的专利引用次数明显减少，这说明企业创新的质量在下降。另外，上市后的研发策略也有所改变，从过去的自主研发改为兼并购买。而之所以发生研发策略的改变，是因为管理者希望通过购买专利的方式在短期扩大企业的专利池，以此成为自己业绩的一部分。Aggarwal 和 Hsu(2014)利用生物技术行业的公司为样本，也证实了类似的结论：上市或者并购都会降低企业的专利引用数，从而降低创新质量。但是，Bena 和 Li(2014)的研究却发现，当收购方成功收购之前与其存在技术联系的目标企业时，收购方所获得的专利数会显著提高，这说明技术创新所带来的协同效应是并购发生的重要驱动因素。此外，随着资本市场的发展，市场中的其他主体，如分析师、媒体虽然在一定程度上可以提升公司治理的水平，但是也会对管理层施加迎合短期目标的压力。He 和 Tian(2013)的研究发现分析师的关注程度越高，管理者的短期经营压力会越大，这会导致管理者的短视以及机会主义行为，从而削减对于长期创新项目的投资。与之类似，Dai 等(2015)的研究发现，媒体关注度的增加也会抑制企业的创新活动。

4. 知识产权保护与企业创新

除了发达健全的金融市场之外，较大的知识产权保护力度也是促进创新的重要外部制度因素之一。Kanwar 和 Evenson(2003)以及 Chen 和 Puttitanun(2005)分别证实了知识产权保护能够增加创新投入和创新产出。Fang 等(2017)以国有企业私有化为自然实验，发现在知识产权保护更为完善的地区，由国有企业私有化所带来的对企业创新的促进作用将更为明显。李春涛等(2015)基于 61 个国家(地区)的调查数据也证实了良好的知识产权保护可以提高企业的创新投入。并且，不同的融资方式对企业创新的影响是有差异的，内源融资和银行债权融资的影响趋于积极作用，而股权融资方式效果不显著。尹志锋等(2013)证明了知识产权保护可以通过吸引外资来对企业创新产生正向的积极促进作用。史宇鹏和顾全林(2013)从知识产权侵权的视角对企业研发进行了研究，研究结果发现，企业研发在很大程度上会受到知识产权的侵权影响，知识产权的侵权程度越高，对研发的抑制作用越大，并且这种负面影响会一直持续到企业查处之后。而且，在民营企业以及高度竞争行业，这种负面影响更为明显。除了知识产权保护的立法进程之外，知识产权执法力度的作用也不可忽视。吴起鹏和唐莳(2016)认为，企业创新研发投资和专利产出的数量会受到知识产权保护执法力度的影响，即较大的知识产权保护执法力度会通过减少创新溢出和缓解融资约束的方式来推动企业创新，进而表现为研发投资和专利产出数量的增加。

5. 资源要素价格与企业创新

资源要素的成本变化也对企业创新产生影响。林炜(2013)以及赵西亮和李建强(2016)通过研究发现，能够激励企业进行创新活动的一个重要驱动因素是劳动力成本的上升。当劳动力成本上升时，劳动密集型企业的运营成本会显著增加，为了维持平稳运营，企业会从劳动密集型向技术密集型转型，因而促进企业创新。相反，房地产价格的上升会吸引工业企业进入房地产领域，形成短期追逐房地产开发建设暴利的现象，而这将导致创新的倾向变弱(王文春和荣昭，2014)。张杰等(2016)通过省级层面的数据也验证了这种负向抑制效应的存在，他们还进一步发现由于银行将长期贷款优先满足房地产行业，这对工业企业的创新形成更进一步的挤出。戴魁早和刘友金(2016)基于标杆法的相对差距指数来度量地区要素市场的扭曲程度，研究发现这种要素市场扭曲会对企业创新效率的提高有显著的抑制作用。但是，这种负面效应在规模较大、外向度较高、经济绩效较好以及技术密集度较低的企业更不明显。

6. 企业创新的溢出效应

当然，一个国家或一家企业的创新水平不仅受到本国各种外部环境的影响，而且会受到创新活动固有的溢出效应的影响。Coe 和 Helpman(1995)的研究发现，一国的技术进步不仅取决于该国 R&D 的投入，还取决于邻国 R&D 的投入，这说明创新具有明显的溢出效应。Bottazzi 和 Peri(2003)的研究同样发现企业创新所产生的新知识具有一定的溢出效应。不过，他们证明了这种溢出效应仅仅存在于一定区域内。在一定区域内，企业的创新活动还会受到同群效应的影响，即当企业的研发投入低于集群企业的均值时，企业会紧接着采取更高强度的研发策略(苏依依和周长辉，2008)。Chu 等(2014)的研究进一步发现这种知识的溢出效应对于供应商与客户也存在。他们利用客户的总部变更作为 DID 的外生冲击事件，发现客户的企业创新活动会向供应商溢出。

3.3.2 微观企业个体因素

1. 公司治理与企业创新

在公司治理特征方面，郝云宏和鲁银梭(2013)通过研究发现，企业的高管内部管理制度越完备，越有利于促进企业创新投入水平的提高。李春涛和宋敏(2010)通过研究发现，适当的薪酬激励有利于促进高管进行创新的积极性。在经理人特征方面，禹心郭等(2018)研究发现，与来自内部的 CEO(首席执行官)相比，企业的创新绩效更容易受到来自外部的 CEO 正向促进作用的影响。另外，国有股比例与创新绩效之间的倒 U 形关系也会呈现一定的弱化。罗正英等(2014)通过相关的实证研究发现，在民营企业中，企业的研发投入在一定程度上会受到股权集中度的抑制。然而股权的制衡可以有效缓解这种不利关系，并且在低股权制衡的企业中，企业研发投入受挤占的程度更低。唐跃军和左晶晶(2014)通过实证研究发现，相对于国有企业而言，大股东制衡机制对企业研发和创新投入的促进作用在民营企业中表现得更加明显，而国有企业其他大股东不仅无力推动企业加大创新的力度，甚至在一定程度上会显著降低企业的研发投入水平。

公司治理的好坏会对许多公司财务行为产生重要影响，企业创新也不例外。Aghion 等(2013)研究发现，企业良好的治理结构与企业创新存在一定的正相关关系，即企业的治理结构越完善，越有利于企业创新。鲁桐和党印(2014)通过研究发现，在中小上市企业中，公司治理程度越高，越有利于激励企业进行创新活动，并且激励机制对提升企业绩效的作用更为明显。O'Connor 和 Rafferty(2012)采用系统广义矩方法(System-GMM)对动态面板模型加以估计，他们的研究发现公司治理越差的公司，企业创新活动的投入越低。这是因为公司治理差的公司往往存在较为严重的股东与管理者之间的代理问题，股东和管理者的目标往往不一致，管理者难免为"利己"而决策，只考虑自身的短期利益而非企业的长期发展。因此也就不会将资源投入企业的研发活动之中。冯根福和温军(2008)以及鲁桐和党印(2014)利用中国上市公司的数据证明了与之相同的结论。

Manso(2011)的文章是一篇具有重要意义的论文。他认为由于委托代理问题的存在，管理层短视的问题难以避免。而企业创新本身是一项长期的风险项目，成功与失败不仅取决于管理者与员工的努力程度，也与运气有关。在整个研发过程中，无论是成功还是失败，管理者以及研发人员的努力程度几乎难以观测。因此，如果没有合理恰当的激励安排，管理者就会减少创新方面的支出。为了解决激励问题，Manso(2011)认为企业应该为管理层制定长期的薪酬安排，同时确保管理层在一定时期内的工作稳定并及时对管理层所取得的业绩给予有效的正反馈。与传统公司治理理论的观点有所不同，他在文中进一步提出：虽然黄金降落伞(golden parachutes)、期权再定价(options repricing)以及管理堑壕(managerial entrenchment)都有损于公司价值，但是这些行为也降低了管理层短视的程度，在一定程度可以促进企业创新。这篇文章的主要缺陷在于缺少经验数据的支撑。不过，Edcrer 和 Manso(2013)之后利用实验经济学的方法证实了以上假说，增加了该理论的可靠性。

受到这篇文章的启发，越来越多的文章开始关注研发人员的激励问题。Lemer 和 Wulf(2007)的研究发现，给予高管以及研发部门的管理人员更多的期权以及限制卖出的股票可以降低股东与经理人的代理问题，极大地提高公司的专利授予量和专利的被引用次数。Bamnchuk 等(2014)研究发现,授予高级管理人员期限较长的期权可以避免其短视的功利主义行为,促使管理者将更多的资源分配到企业创新之中,从而实现企业长期价值的最大化。Chang 等(2015)的研究发现,赋予员工期权可以促进企业创新,这是因为期权激励可以提升员工的风险承担水平。而当员工的持股比例较低时,当员工的个人贡献对公司至关重要时,当获得期权激励的受众面更为广泛时以及当公司内部员工的搭便车行为较少时,这种促进作用体现得更为明显。李春涛和宋敏(2010)根据世界银行在中国 18 个城市的调查数据,进行研究后发现,对 CEO 采取薪酬激励措施能够对企业创新有促进作用。唐清泉和甄丽明(2009)进一步证明了短期的薪酬激励会比长期的薪酬激励更为有效。如果激励不足,管理层就会出现短视的行为,余琰和李怡宗(2016)发现管理层短视会导致上市公司热衷于发放高息委托贷款,而这会降低未来一段时间的研发投入和创新产出。

工会作为维护雇员利益的社会团体,一直都被视为改善公司治理的重要力量。但是,Bradley 等(2016)的研究发现成立工会会对企业创新具有负面影响。他们采用了断点回归的方法,比较了临界点附近恰好成立工会的公司与未能成立工会的公司,他们发现工会成立之后,企业的研发费用会减少,雇员的工作效率会下降,这都导致企业研发的效率下降、产出减少。这与 Manso(2011)所提出的理论相一致:有利于公司治理的机制可能会造成管理者短视,从而抑制企业的创新活动。而与之相反,Fang 和 Ge(2012)的研究则发现在中国,工会却可以起到促进企业创新的作用,这主要是因为中国的上市公司"一股独大"的现象比较严重,工会的成立可以起到制约控股股东的作用。

2. 管理者特征与企业创新

CEO 以及管理者的某些特征甚至兴趣爱好也会对企业创新产生影响。Lin 等(2011)的研究发现,学历高、职业背景丰富以及拥有政治关系的管理者可以更好地促进企业的创新活动。学历高的 CEO 可以更好地理解新技术和新产品,而拥有政治关系的 CEO 可以帮助企业获得更多的金融资源,从而缓解企业的融资约束并增加企业的研发投入。罗思平和于永达(2012)通过研究发现,国际技术的转移会受到海归人才的影响,如高管的海外工作经历、学习经验都可以提高企业的创新能力。此外,CEO 的某些心理偏差,如过度自信的行为也能够促进企业创新(易靖韬等,2015)。有趣的是,Sunder 等(2017)的研究发现,如果公司的 CEO 喜欢驾驶小型飞机,该公司的研发支出和研发效率都会显著提高。他们给出的解释是,喜欢驾驶小型飞机的 CEO 更喜欢追求刺激,同时会有更高的风险偏好,这导致他们更热衷于企业创新这样的高风险投资项目。

3. 政治关系与企业创新

在中国特定情境下,与官员建立良好的政治关系是企业获取资源的有效手段。赵晶和孟维烜(2016)的研究发现,官员前去企业视察可以显著提升企业的创新水平,这主要是因为官员的视察提升了企业的合法性;进一步研究发现,这种促进作用在不具有政治关系的企业和民营企业中更为显著。与他们通过政治关系获得资源来创新的逻辑有所不同,党力等(2015)认为寻求政治关系与提升创新水平是企业持续发展的替代手段。他们以党的十八大以来的反腐败为背景,建立了双重差分方法,发现我国反腐败进程对企业创新有促进作用,同时验证了反腐败力度越大,企业创新投入的增幅越大。

4. 企业组织结构与企业创新

企业的股东出于避税或者增加两权分离程度的考虑,往往会设立复杂的组织架构来控制企业。黄俊和陈信元(2011)的研究发现企业的集团化经营可以降低融资成本以及提高研发的溢出效应,从而促进企业研发。此外,Seru(2014)的研究还发现在一个企业集团中,其具体的组织架构也会影响企业创新的效率。具体而言,在混合型的集团组织架构中,集团母公司控制一系列处于不同行业的子公司,子公司拥有完全独立的自主经营权。在这种情况下,企业的研发活动由于缺少规模效应和协同效应,其获得的专利数较少。

在产权性质方面,Jiang 等(2013)通过研究发现,为了提高自身的市场竞争力，不至于被市场淘汰，非国有企业更倾向于进行创新活动，因而与国有企业相比，其创新能力相对更强。吴延兵(2014)通过对企业的所有制类型进行细分，研究发现企业间不同的所有权形式通过影响治理结构与资源配置方式，给企业带来的创新激励也不同。池仁勇(2003)实证研究发现，最不利于企业创新的所有权形式是控股股东为国有股东的企业。董晓庆等(2014)通过研究发现，民营企业的创新水平在一定程度上明显高于国有企业。

5. 融资约束与企业创新

在融资约束方面，李汇东等(2013)以2006年至2010年上市公司研发数据为样本，研究结果表明，与内部融资相比，外部融资对企业创新的促进作用更强。此外，政府补助对外部融资与企业创新具有显著的正向调节效应，最能刺激企业进行创新活动。鞠晓生等(2013)认为，企业创新投资波动可以通过运营资本进行平滑，起到一定的缓冲作用，并且这种缓冲作用与企业的融资约束密切相关。万奇缘(2020)以2014年至2018年中国沪深A股上市公司制造业的数据为样本，研究结果表明，企业的创新能力确实会受到融资约束的制约，金融生态环境及其各个维度要素对公司创新具有显著的正向效应。金融生态环境及其各个维度要素会通过企业融资约束对公司创新产生影响。

3.4 分析师作用相关研究

3.4.1 分析师关注的经济后果

随着分析咨询行业的兴起，分析师关注也成为近年来我国学者的研究热点。分析师报告分为季度报告、年度报告、行业深度报告、公司重要事件报告等,可以作为公司财报的补充信息,有利于信息使用者了解企业的经营业绩。各学者主要从盈余管理、股价同步性、投资效率、融资约束等方面来研究分析师相关行为产生的影响。

1. 分析师关注与盈余管理的关系

Yu(2008)将分析师跟踪对盈余管理造成的影响划分为监督效应和压力效应。监督效应会使二者负相关,而压力效应使二者正相关或者无显著关系,可见这两个假说是互相对抗的。他对美国上市公司1988—2002年的数据进行了研究,发现分析师跟踪与盈余管理之间有负相关关系,在美国市场有监督效应,分析师可以有效地监督管理层的盈余管理是否正常、合理。

李春涛等(2014)指出分析师关注能够有效地监督那些拥有较高信誉的知名企业,具体来说分析师关注可以使其应计盈余管理的规模和报告微利的概率下降,但这种监督对普通企业的影响并不大。Bradley等(2014)实证发现分析师对降低企业财务虚报可能性和盈余管理程度有所帮助,并且分析师的行业经历越丰富,其对企业的外部监管能力越强。Kerl和Ohlert(2015)则发现明星分析师关注在制约公司盈余管理上更能发挥其作用。李春涛等(2016)以及叶陈刚和刘猛(2018)则发现分析师关注会监督管理企业的应计盈余管理,使二者负相关,这也使管理者被迫转而进行更隐秘的真实盈余管理,从而使二者正相关。Sun和Liu(2016)也指出,当企业被更多的分析师跟踪时,其实际盈余管理水平更高。张芳芳和陈习定(2015)对我国A股市场进行了研究,发现分析师关注与向下盈余管理正相关,即说明分析师在其中充当了施压者。张宗新和周嘉嘉(2019)则发现无论是应计盈余管理还是真实盈余管理,都会因分析师关注而减少。

2. 分析师关注与股价同步性的关系

证券分析师在证券市场中具有何种作用已成为热点研究问题。首先,普通投资者不具有从繁多的信息中提炼有效信息的能力,而分析师具备该种能力,能够将有效的信息整合到一起形成研究报告;其次,分析师能够通过其专业技能对各公司的盈余情况进行预测，编制分析报告，将有价值的公司与市场信息提供给投资者供其在决策时使用；最后，从理论上而言，分析师有助于市场信息有效性的提高，使市场能够更有效地运行。但各种研究显示这种观点并非总成立。

较为常见的观点认为分析师能帮助公司在信息传递上有更高的效率，使股价中展现更多公司的特质信息，进而使股价同步性明显下降。Schutte和Unlu(2009)实证发现分析师跟踪人数会影响证券市场股价波动，分析师跟踪人数越多、盈余的预测越准确，则股价信息中的噪声越少，即股价同步性越低，这说明分析师有利于证券市场健康地运作。虽然我国证券市场起步较晚，存在严重的投资者跟风现象，分析师在职业道德和职业能力方面受到来自市场的质疑，但是不可否认的是分析师确实在一定程度上提高了市场效率。分析师会向市场反映有意义的公司特质信息，使公司与其投资者的信息不对称性降低，使这些特质信息能在股票价格中体现，从而降低股价同步性(Jiang等，2016)。伊志宏等(2019)指出当公司信息不对称问题更加严重、分析师报告影响力更大时，报告中所含的公司特质信息数量与其股价同步性之间的负相关关系更显著。伊志宏等(2015)则指出相比男性分析师关注，女性分析师关注在使股价同步性下降方面更具优势。另外，投资者在面对明星分析师发布的报告时，会表现出更激烈的反应，从而使股价同步性显著下降(周铭山等，2016)。官峰等(2018)研究发现贪污腐败的官员被查处以后，分析师在预测与其有关联关系的企业时会更准确，预测的分歧度会更小，会有更多的分析师对此进行跟踪，使得企业股价同步性下降。分析师在官员落马与关联企业股价同步性关系上起到了中介作用。曹新伟等(2015)、Cheng等(2016)以及Han等(2018)从分析师实地调研出发，指出被分析师实地调研过的公司股价同步性会比没有被调研过的低。

但也有学者提出即使有分析师对企业进行了跟踪预测，股价中也无法展现足够多的公司特质信息，股价同步性并不会因此下降。Piotroski和Roulstone(2004)发现分析师跟踪人数越多，股价同步性越高。这是因为在大部分情形下分析师只是在传递市场公开信息中起到了桥梁作用，并没有将那些反映公司属性的特征信息提供给公众,从而使股价同步性升高。类似地,Chan 和 Mohamed(2006)从新兴国家市场中选取数据进行研究,发现分析师跟踪数量增多会使股价中的信息含量下降,进而提高股价同步性。由于新兴国家市场上的公司披露的信息质量大多数都不高,以至于分析师想要挖掘到公司特质信息十分困难,其在进行预测时只能参考宏观层面的信息。因此,分析师跟踪数量的上升只是让股价中融入了更多的行业信息和市场信息,导致股价同步性反而提高了。冯旭南和李心愉(2011)也指出分析师跟踪数量对股价同步性有积极影响。

3. 分析师关注与投资效率的关系

Knyazeva(2007)指出分析师关注在公司治理方面能够起到良好的效果,他们能够通过发布的盈余预测和投资评价报告来提高股价的信息含量,更好地激励那些有良好经营业绩的管理层,并让那些经营业绩差的管理层遭到更多的惩罚,从而使管理层将股东利益放在首位,缓解委托代理冲突,使管理层的投资安排更加合理,提高投资效率。Michenaud(2008)也发现当分析师发布盈余预测后,管理层会受到一定的压力。因为不同的投资行为会导致不同的折旧费,进而对利润产生影响,若分析师预测出较高的每股收益,管理层便会降低新增投资的规模,从而起到约束过度投资的作用,但同时也可能发生管理层迫于无奈、不投资那些正净现值的项目的行为,引起投资不足。Chen 等(2017)检验发现,在美国市场中分析师预测质量越高,信息环境和外部监控越好,企业投资效率则越高。张莹(2019)则支持了分析师压力假说,发现分析师跟进的存在会使两权分离程度与过度投资的正向关系更显著,也就是说分析师并没有起到外部治理的作用,反而起到了负面作用。伊志宏等(2019)在研究分析师研究报告负面信息披露时发现负面信息披露能加强投资者关注,制约管理层过度投资。

4. 分析师关注与融资约束的关系

对于分析师与企业融资约束之间的关系,部分学者认为分析师具有专业知识和信息获取渠道的优势,所以这些研究主要是基于分析师关注度越高,越有利于降低企业信息不对称的逻辑路线来推导出分析师关注在减少公司的融资约束问题时可以发挥正向作用。张纯和吕伟(2007)认为以分析师为代表的外部市场关注程度会对企业融资约束产生积极影响,即分析师关注程度越高,企业所面临的融资约束水平越低。

3.4.2 分析师关注的影响因素

分析师关注的影响因素主要包括主观因素与客观因素,本节对主观因素主要从分析师本身特征及其声誉角度进行概括;而对于客观因素,主要阐述供职证券公司和目标上市公司管理层的压力对分析师关注的影响。

1. 主观因素

Stickel(1992)研究发现,明星分析师所出具的报告预测未来结果与现实情况更加符合、一致,对市场投资者产生更大的震荡效果。这是因为明星分析师除了通过高精预测传导给市场者信息,还使管理层受到强大的外部压力而不得不通过更为隐蔽的途径增加预期盈余。Mikhail 等(2004)也证实了明星分析师能够对市场引发更大的激荡,起到放大作用。张宗新和杨万成(2016)研究我国新财富网站评选的明星分析师所产生的影响。其研究发现明星分析师获得信息的渠道更多,市场上也更加相信他们的预测结果,因此他们能对市场产生更大的影响效果。Xu 等(2013)考虑了分析师的异质性后,基于我国样本,发现明星分析师会加速企业信息的传递,使信息及时地反映到股票市场。汪弘等(2013)经过研究发现明星分析师可以迅速地向市场传递观点,影响股价,如果股价走向下坡,会对管理层施加价格压力。周铭山等(2016)立足于我国独特的制度背景,发现即使明星分析师提供的信息与其他分析师的信息是一样的,他们对股价反应也是显著相关的,而其他分析师没有该作用。

伊志宏等(2015)基于不同性别视角,研究分析师与股价同步性,发现在性格特点上，女性对待事物更加保守、谨慎，这也影响了其在工作当中的表现，而女性分析师所出具的预测报告对企业利好预测更为保守，与市场上股价反应一致性不强，进一步降低股价同步性。其个人的经历背景也影响很大，尤其是留学和工作背景，当分析师有出国学习背景时，会进一步降低同步性。同时，在工作中越发勤奋，同样会产生相同的效果。刘静和林树(2019)在研究分析师时，从自营业务导致的利益冲突区别分析师为独立分析师和关联分析师，研究结果表明独立分析师能够对关联分析师的行为产生约束作用，即使在目标公司存在高度信息不对称的情况下，独立分析师也不会对关联分析师的预测盲从。当与关联分析师跟踪同一上市公司的独立分析师比重提高时，关联分析师预测的乐观偏差降低，同时预测准确度提高。然而，受利益冲突影响，关联分析师的信息优势没有得到充分体现。翟胜宝等(2016)从审计意见购买角度，建立专门针对性模型，研究外部分析师跟踪的加入是否会影响企业选择的意见购买类型，发现当企业外部面对更多的分析师时，对审计意见影响的概率更大。

2. 客观因素

分析师在资本市场中发挥重要的作用，凭借其专业特点去收集上市公司信息意味着分析师不得不接触各个群体，而不同群体由于立场不同，代表的利益也不同。那么在出现利益冲突时，分析师就有可能会受到较多的约束与限制，被迫做出违背职业道德的行为。

一方面，分析师面临来自供职证券公司的压力。分析师作为雇员受聘于证券公司时会遭受各种职场压力。为了满足买方需求，他们不得不违背客观事实发布更积极的研究报告，因为一旦买方机构的要求没有得到满足，买方机构很可能转向竞争对手，而分析师难以承担买方机构流失引发的一系列后果。国外学者选取特定期间分析师对上市公司的投资评级数据做了一组对比实验，在控制其他可能影响结果差异的变量后发现，一旦分析师所在的证券公司与所要评级的公司有利益关系，分析师的客观性就会受到影响，基于“讨好”心理发布更加乐观的评级和报告(Michaely 和 Womack，1999)。

Bessler 等(2009)的研究也得出了相同的结论。Firth 等(2013)对分析师面临的利益冲突进行了研究,发现当分析师就职券商的客户持有所要评级上市公司的股票时,分析师会刻意"讨好"上市公司。国外学者基于这个角度的研究在我国也得到了验证,原红旗(2008)的研究结论就支持了这一观点。随后又有学者从不同角度研究了分析师客观性会受到哪些因素的影响,如曹胜和朱红军(2011)对隶属分析师的独立性进行了研究,发现分析师总体上对所在券商持有的股票会更加"照顾"。姜波和周铭山(2015)研究发现分析师如果和要发布评级的公司有利益牵扯,其客观性就会受到影响,出具较为乐观的报告。Gu 等(2012)的研究表明,分析师一旦与供职公司有利益关联,就会对与该公司相关的股票等作出不客观的评价,出具更加乐观的报告,从而获取更多的收益。吴超鹏等(2013)也发现,分析师为了维系一定的社会关系,会被迫做出一些不道德的行为。

另一方面,分析师面临来自目标上市公司管理层的压力。分析师通过对上市公司信息的解读来发挥中介作用(Chen 和 Jiang,2006),所以分析师必须想办法获取更多的信息。而公司管理层作为能提供内部信息的主要群体之一,分析师可能会为了"讨好"他们而发布更加乐观的报告或评级,也即分析师客观性会受到影响。国外学者随后进行了较多研究,发现分析师为了维护与管理层的"友谊"会被迫迎合管理层,以期从管理层那里得到更多的内部信息(Francis 等,1994)。此外,分析师任职于证券公司,其收入与证券公司的收入有很大关联,一旦分析师出具的研究报告损害了券商的总体利益,分析师也很难独善其身,也即分析师的客观性会受到来自各方压力的影响。Das 等(1998)选用特定期间的数据作为样本进行实证检验后发现,分析师评级更加乐观就更容易获得管理层的"青睐",由此获取更多"不为人知"的消息。而后有学者研究发现,分析师迎合管理层的方式不局限于发布乐观报告,他们会依据管理层操纵盈余的要求,发布管理层需要的报告,以此来满足管理层的需求,进而维护信息渠道畅通(Breton 等,2013)。国内学者在这个方面的研究结论大体与国外学者相同。例如林翔(2000)的研究就发现分析师会为了获取信息来发布更加乐观的评级。管总平和黄文锋(2012)通过选取样本进行实证检验,得出了相同的结论。赵良玉、李增泉和刘军霞(2013)研究发现分析师为了获取更多的信息,会尽量满足管理层的要求,出具不客观的报告。

3.5 内部控制相关研究

随着内部控制与诸多重要因素的关联关系被人们发现,人们越来越意识到内部控制的重要性,也因此涌现出许多关于如何影响内部控制有效性的研究成果。影响企业内部控制有效性的因素多种多样,其中国内外学者针对股权结构对内部控制有效性进行了大量研究。

内部控制作为企业重要的一项制度安排,贯穿于公司的生产经营和管理决策等各个环节,在合理保证企业经营合法合规、资产安全、财务信息可靠性、提高企业经营效率和效果以及促使企业实现战略目标等方面发挥重要作用,因此它与企业的价值创造活动息息相关。内部控制的经济后果研究,主要有内部控制促进论和内部控制悖论两种观点。

3.5.1 内部控制促进论

持有内部控制促进论的学者认为,内部控制作为企业的一项内部治理机制和风险管控手段,能够预防企业经营风险,提高公司治理水平,最终促进企业绩效。

第一,部分学者探讨了内部控制机制的风险管控作用。已有研究表明,内部控制可以减少企业风险,进一步降低公司违规的可能性。方红星和陈作华(2015)从公司风险的角度探讨了内部控制的经济后果,研究发现高质量的内部控制有利于抑制公司的特质风险和系统风险,并进一步探讨了内部控制在抑制公司风险时的作用机理。池国华和朱俊卿(2019)、杨德明和史亚雅

(2018)研究了内部控制在压制公司高管腐败、降低公司诉讼和违规处罚的可能性等方面的积极作用。同时,部分学者还研究了内部控制与企业风险承担的关系。内部控制并不意味着绝对的风险规避,而是代表良好的风险管控。王永海和石青梅(2016)基于我国实施内部控制规范体系后的准自然实验发现,良好的内部控制机制有利于提高企业的风险承担水平,验证了风险承受激励观的存在,即随着财务信息准确度和透明度的增加、融资成本的降低,企业的公司风险承受水平相应提升。此外,黄华(2019)的研究也证实了内部控制对企业风险承担的正向激励作用,研究发现我国上市公司在实施内部控制规范过程中存在内控目标偏差现象,成熟的内部控制反而能够提升企业风险承担水平。

第二,学者们探讨了内部控制在抑制盈余管理、提高公司效率等方面的公司治理作用。Goh 等(2011)、范经华等(2013)、刘红梅等(2018)以及肖华和张国清(2013)的研究证明了高质量的内部控制能够抑制公司的应计和真实盈余管理行为、提高公司盈余持续性,并进一步有利于上市公司价值的提高。李万福等(2011)、周中胜(2017)等探讨了内部控制在公司投资中的作用,发现企业内部控制质量与企业投资效率正相关,即内部控制有效性水平的提高能够抑制企业的投资不足和投资过度;王亚男等(2019)基于中国的 A 股上市公司样本,从 R&D 产出效率的视角同样验证了中国上市公司中内部控制促进论假说的成立。还有学者通过对内部控制和创新关系的研究表明,良好的内部控制可以减轻企业面临的融资约束、提升政府研发补贴绩效等,这均有助于企业开展创新投资活动(顾奋玲和解角羊,2018;陈红等,2018);韩少真等(2015)和张晓红等(2017)的研究也发现内部控制有利于企业开展创新活动。除此以外,学者陈红等(2018)、周雪峰和王卫(2019)、郑军等(2013)、单华军等(2010)结合制度环境、金融关联、货币政策等因素探究了内部控制对企业投资效率的影响。可以看出,对于内部控制机制发挥的风险管控作用和公司治理效应的研究已取得了丰硕的成果,充分验证了内部控制促进论的存在。

3.5.2 内部控制悖论

持有内部控制悖论的观点主要集中在内部控制对企业创新行为的影响上。部分学者认为,内部控制存在“矫枉过正”的倾向,不利于企业创新水平的提高。内部控制强调对企业经营管理过程中的风险防范,降低了高管对创新项目的高风险容忍度,使高管的冒险精神和风险承担意识被削弱(Bargeron等,2010),因而不利于企业创新活动的开展。我国学者马永强和路媛媛(2019)也认为,内部控制虽然降低了投资项目中可能存在的舞弊风险,但由于内部控制不利于企业形成自由的创新氛围和较高的失败容忍度,从这个角度来说,内部控制束缚了研发人员的创新积极性,不利于企业的创新绩效。此外,张娟和黄志忠(2016)认为过于严格的内部控制机制容易导致内部审批程序烦琐,创新进程容易被搁置,限制了企业的创新效率。

可以看出,目前大部分学者的研究均表明内部控制能够发挥积极的公司治理作用,但仍有少数学者认为内部控制易“矫枉过正”,反而限制了企业的风险承担水平和高管创新意愿的增强。随着我国上市公司内部控制水平的不断提高,在我国上市公司中是内部控制促进论成立还是内部控制悖论成立,仍有待进一步研究。

3.6 文献述评

通过对以上文献的梳理,我们可以看到,关于公司诉讼经济后果的研究主要围绕其带来的财务影响和治理效应两方面展开。“法与金融”的研究一直关注法律制度的立法层面,对于司法层面的法律诉讼关注较少。但是随着我国市场化改革的不断推进和法制环境逐渐改善,投资者的自我保护意识逐渐增强，市场对于企业的要求不断提高，法律对企业违规违法操作的惩处也更加严苛，公司面临的诉讼风险显著上升，研究法律诉讼对企业经营与发展的影响已显得十分必要。作为解决利益冲突的次优选择，学界对公司诉讼造成的经济后果展开了较为全面的探索，但其研究方向大多集中在公司诉讼对企业融资、信息披露、盈余管理等方面的影响，对公司诉讼与企业创新之间的关系研究较少。

关于融资约束的研究已经较为成熟，国内外学者都作出了有益探索。学者们主要从公司内外部探讨了影响其融资顺利与否的因素：内部因素如企业特征、产权性质、信息披露情况等，以及外部的货币政策、金融发展水平和银企关系等。遗憾的是，少有学者在公司同其利益相关者发生冲突，或企业释放“坏消息”情境下，对融资约束受到的影响及内在机制展开研究。

由于持续创新不仅是企业发展壮大、提高其核心竞争力及获得垄断利润的重要手段，也是一个国家或地区经济持续增长的重要源泉。因此，创业创新的重要性越来越受到学术界和政策制定者的重视。对于企业创新的研究广度也明显增加。企业创新是一项至关重要的公司财务决策，这项投资的风险较大，周期又较长，其研发成果也无法成为获得银行贷款的抵押品。不可否认的是，创新对于核心竞争力的塑造是至关重要的。所以近些年来，学术界一直十分重视对于企业创新问题的研究，也形成了相当丰硕的研究成果。不过，综合以上文献综述可以发现，现有研究依然还有值得拓展之处。现有研究鲜有关注到如公司诉讼等的法律制度层面如何影响企业的创新活动。

对于分析师的作用，目前学术界尚未统一。有学者认为分析师存在自利行为或压力效应，对资本市场的作用有限。而更多的学者认为分析师作为资本市场的“信息纽带”，具有治理作用、监督作用，作用机制主要有信息效应和声誉效应。已有文献主要关注股价走势、预测偏差、企业盈余管理 、资本市场效率等方面。目前，鲜有文献检验新兴资本市场上分析师对企业创新的作用。当企业释放出坏消息时，分析师的治理作用是否存在、其内在机制是什么，这些都值得我们进一步探讨。

随着经营环境的日益复杂，企业对内部控制制度的重视程度也日益提高，内部控制的治理作用想要得到充分的发挥，不仅要创建合理的内部控制制度，同时还需保证其有效地执行。在2002年美国颁布《SOX法案》后，内部控制逐渐变成学者们备受关注的课题，学者们对此课题的研究也日趋深入和完整，并形成了一系列的科研成果。关于内部控制与企业创新绩效的研究，已有文献存在两种不同的观点。一方面，部分学者认为内部控制具有"合理管控"的作用，因而内部控制质量的提高有助于降低企业代理成本、合理管控创新风险，对提升创新效率具有重要意义。另一方面，部分学者认为过于严苛的内部控制制度容易"矫枉过正"，反而不利于激发企业进行技术创新。基于中国上市公司与国外公司内部控制水平仍存在一定差距的现实情形，内部控制对企业创新起到"合理管控"的作用还是具有"矫枉过正"的倾向仍有待进一步研究。根据已有的文献得知，公司的治理结构和特征等内部因素与机构投资者、媒体报道、市场化程度等外部因素都可能影响公司的内部控制质量。而关于内部控制经济后果研究大多集中在企业绩效、信息披露水平、资本成本、企业风险、市场反应的关系等方面，很少有文献研究内部控制这一公司内部治理机制对公司诉讼与企业创新关系的影响。

第4章
民营企业涉诉和融资约束的实证设计与结果分析

4.1 引　　言

民营经济是社会主义市场经济发展的重要组成部分。改革开放40年来，我国民营经济从小到大、从弱到强，贡献了50%以上的税收，60%以上的国内生产总值，70%以上的技术创新成果，80%以上的城镇劳动就业，90%以上的企业数量。[①] 民营企业对促进经济发展、创造税收收入、提供就业岗位、转移富余劳动力、助力科技创新、拓展海外市场都有重要作用。然而，民营企业在成长的过程中受到多方因素的制约，其中“融资难、融资贵”就是阻碍民营企业高质量发展的重大障碍。由于民营企业稳定性差、信用水平相对较弱，所以金融机构对民营企业放贷十分谨慎。这不仅导致民营企业的融资规模受限、融资难度加大，同时也使获得融资的民营企业需要承担较高的融资成本。国务院金融稳定发展委员会在2020年的第十四次会议上就企业融资问题作

① 2018年11月1日习近平在民营企业座谈会上的讲话。

出重要指示：要持续加大支持力度，切实缓解企业“融资难、融资贵”的问题。由此可见，融资约束是企业普遍面临的发展难题。

全面推进依法治国的总目标是建设中国特色社会主义法治体系和社会主义法治国家。以习近平法治思想为根本遵循，我国法制建设已取得显著成效，依法治国的精神推进了资本市场法制治理体系和治理能力的现代化，对传统社会秩序的扬弃使法律在满足人们合理性与合法性方面的作用愈显重要。越来越多的企业开始使用法律武器维护自身的正当权益，其中，公司诉讼就是各利益纠纷方诉诸法律解决矛盾的一种主要方式。然而，公司诉讼的成本较高，还会增加卷入诉讼的公司的前景不确定性，对其声誉、股票价格甚至存续合法性等都产生影响。诉讼带来的风险会加剧企业的融资约束，因此在这种情境下，探究民营企业的融资约束缓解机制具有重要的理论意义和现实意义。

处于信息劣势的外部投资者和债权人通常会索取更多风险溢价，这将导致企业融资成本和融资难度的增加。而分析师作为重要的信息中介，可以发布调查研究报告向外界传递更多可供决策的信息，降低外部投资者和债权人的信息不对称程度。随着研究的深入，学者们发现分析师关注可以对企业起到外部治理作用，但对其治理效果的看法存在分歧。有学者认为分析师关注对企业有外部监督作用，会起到正向治理效果；也有学者认为分析师存在非理性行为，分析师关注的治理有效性存疑；还有学者提出分析师关注会造成负面影响，如经理人压力假说。可见，学术界目前对分析师关注的治理效果莫衷一是，分析师关注的治理作用仍待挖掘。

综上所述，随着我国法治水平的提高，对公司诉讼之于民营企业融资约束的影响效果进行研究具有重要意义。此外，诉讼情境下的分析师关注能否对民营企业起到治理作用，这种治理作用是否能缓解企业面临的融资约束，以及分析师关注通过何种机制对融资约束产生影响仍有待讨论。为研究这些问题，本章节选择2011—2018年深沪A股上市民营企业作为研究样本，探究公司诉讼对企业融资约束的影响，以及分析师关注在这一关系中的调节作用。研究结果显示，公司诉讼会给民营企业融资带来负面影响，加剧企业面临的融资约束,而分析师关注在公司诉讼加剧融资约束的关系中可以起到调节作用,缓解公司诉讼给企业带来的融资难题;进一步研究发现,分析师关注主要通过降低信息不对称程度缓解上述负面影响,但这种缓解作用是有限的,当由诉讼引发的代理冲突较小时作用更为明显。

4.2 研究假设

4.2.1 公司诉讼对融资约束的影响

除了经营活动外,投资、融资也是企业发展的重要活动。我国企业普遍存在融资问题,尤其是我国民营企业融资约束问题更为严重。理论上讲,投资者或债权人掌握的信息与企业所具备的信息不对等时,投资过程可能会伴随产生逆向选择问题和道德风险问题:逆向选择会增加违约风险,因而投资者或债权人会采取提高要求的必要报酬率或提高手续费等方式来平衡自身所需承担的风险;而道德风险则会加剧代理问题,投资者或债权人需要支出较高的监督成本,从而也会间接提高企业的资金成本。

我国资本市场相对于西方资本市场来说起步较晚,目前还未形成半强势有效市场。在不完全理性的市场中,信息不对称问题仍然存在,信息披露制度等一系列制度政策尚待完善。公司诉讼往往与公司管理水平、内部控制质量等方面存在重大缺陷有着密切关系(纪亚方等,2020)。公司诉讼还会加剧企业未来的流动性风险,从而使未来经营不确定性风险提高(Gatev 和 Strahan,2009),不利于公司价值的提升,所以为了保护投资者和债权人等其他利益相关者的合法权益,提供更多的信息使之能够根据公司的情况做出相应的行动来降低或规避自身风险，《证券法》[①]第八十条规定，当公司涉及重大诉讼、仲裁，投资者尚未得知时，公司必须予以披露。

如表4-1所示，目前我国A股非金融企业对于诉讼事项的披露并不全面，尤其是对诉讼仲裁费用、事件发生日期以及判决内容等的披露缺失情况较为严重。投资者和债权人需要额外借助其他渠道收集公司诉讼的相关资料，以达到了解公司的经营情况和财务状况的目的，这会造成投资者和债权人的信息成本增加，进而转嫁给企业，使企业的融资成本提高，融资约束程度加深。

表4-1　我国A股非金融企业诉讼事项的披露情况

主要构成	具体内容	信息披露情况
基本信息	信息披露方	基本未缺失
	原告、被告、第三方	基本未缺失
案件信息	诉讼类型	未缺失
	涉案金额、币种、诉讼仲裁费用	缺失率分别为11.75%、10.38%和84.81%
	案件名称、简介	基本未缺失
	受理法院	缺失率为20.10%
	判决内容	缺失率为46.56%
各类日期	损益影响	未缺失
	事件发生日期	缺失率为68.94%

资料来源：国泰安数据库并经个人整理。

另外，公司诉讼仲裁案件的披露会增加投资者和债权人的违约风险。由于存在逆向选择问题，往往不是契约的模糊性而是违约人的寻租式策略选择导致诉讼的发生（张维迎和柯荣住，2002）。公司诉讼会导致公司声誉受损、股价下跌，甚至会降低公司股票流动性（周开国等，2015）、影响公司的偿债能力。而且民营企业相对于国有企业来说，股东的信用等级低、抗风险能力差，没有国家信用做担保，声誉更加脆弱。公司涉诉会使投资者和债权人所面临的违约风险增加，投资者和债权人势必要提高要求的必要报酬率作为风险补偿，也就是说，企业融资的资本成本提高，面临的融资约束问题恶化。

综上所述，公司卷入诉讼案件的信号被释放到资本市场，会造成两方面

① 此处指经中华人民共和国第十三届全国人民代表大会常务委员会第十五次会议修订通过的《证券法》。

的影响：一方面，投资者和债权人为了获得更多涉诉公司的信息，以降低诉讼的不确定性所带来的风险，会尝试通过更多渠道进行信息的收集和挖掘，信息成本增加；另一方面，公司诉讼会导致公司声誉受损、股票价格下跌、股票流动性变差、公司偿债能力减弱，所以外部投资者和债权人需要承担更多的风险，参与融资时便会寻求更高的风险溢价。就外部投资者和债权人而言，他们的信息成本增加、要求的风险溢价提高，使企业的融资成本增加，融资难度上升，融资约束加剧。因此基于以上分析，本章节提出如下假设：

假设 H4-1：在其他条件相同的情况下，公司诉讼会加剧企业的融资约束。

4.2.2 公司诉讼、分析师关注与融资约束的调节效应研究

现阶段，我国资本市场不断发展，上市公司的信息披露制度愈加规范，投资者和债权人也越来越关注企业的各种有关信息。但是，对于缺少时间收集与缺乏专业知识解读的部分投资者和债权人来说，直接获取并分析企业相关资料的难度较大，需要专业人士的帮助。分析师就是介于公司与外部投资者和债权人之间的重要信息桥梁（廖佳和苏冬蔚，2021）。分析师可以利用其专业知识与分析能力对公司信息进行挖掘和解读（李梅等，2021），向资本市场传递更多的信息，以缓解信息不对称程度，改善外部信息环境（Giraldo，2011）。

分析师作为信息中介，可以在信息收集、信息解读和信息发放三个环节发挥作用（薛祖云和王冲，2011；刘星和陈西婵，2018）（图 4-1）。首先，除了广泛收集常规的企业公开披露数据，分析师还有更多的信息获取渠道，如证券经营机构等，获得企业的相关研报、资讯，此外还可以通过实地考察、高管对话、采访其他利益相关者如供应链上下游企业、顾客和员工等方式获取额外的一手数据。其次，分析师能利用专业的知识和能力，对所得的数据进行加工和解读，使之成为容易被资本市场理解的信息。我国信息披露制度中，除了财务报表这一类的数字型信息外还包括很大一部分的文本类信息。财务报表对于很多非财务人员来说，想要真正读懂其所展示的经营情况和财务信

息不是一件易事，汉语更是博大精深，文本类信息的叙述性和较差的鉴证性为管理层提供了一种战略性披露选择机会（李燕媛，2012）。具有专业素养的分析师利用积累的职业判断，可以对企业所释放的信息进行甄别和解读，将这些信息转换成投资者和债权人容易理解的文字，从而提高信息的可理解性。最后，分析师将信息整合形成调查研究报告，向外界传递更多有关企业的信息。由于分析师的职业门槛较高，人员流动相对较低，职业圈相对稳定，分析师通过信息收集与解读，将其形成研究报告，不仅可以向投资者和债权人传递出企业的信息（吴东辉和薛祖去，2005），还可以在分析师们的内部进行相互交流。并且，随着新媒体的发展，分析师还可以利用微博、微信等自媒体平台发表自己的观点，从而提高公司传递信息的及时性。

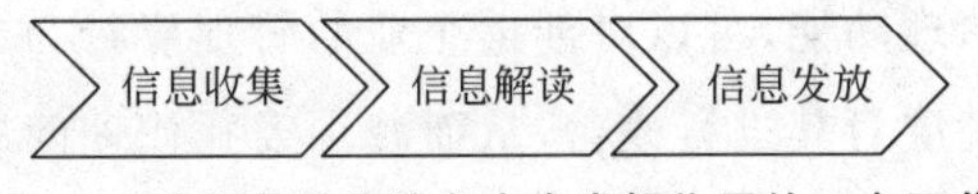

图 4-1　分析师作为信息中介发挥作用的三个环节

分析师的信息中介作用，可能会给企业的融资约束带来两方面的影响：一方面，分析师关注可以通过改善外部信息环境、降低信息不对称程度，来增强资本市场信心，提高公司的股票流动性并降低融资成本（林晚发等，2013），进而缓解融资约束；另一方面，分析师公布的调查研究报告可能会破解企业的“核心竞争力黑箱”，导致其在市场上的竞争优势受损。由于市场竞争优势是良好投资回报率和现金创造力的基础（吴育辉等，2017），所以当企业的市场竞争优势下降时，其盈利能力和资金回笼能力削弱，财务风险增加，外部投资者和债权人将会要求更高的风险溢价。也就是说，分析师对企业信息的披露也可能会导致融资约束问题的加剧。

随着研究的深入，越来越多的学者认为分析师关注除了具有信息中介的作用，也可以发挥企业的外部治理作用，其中两大主要的对立观点是“监督假说”和“压力假说”。“监督假说”认为分析师关注可以发挥正向的外部治理作用。分析师关注会对管理层行为产生监督与约束，这将缓解第一类委托代理冲突（钱爱民和张晨宇，2016），增强公司的风险承担能力（Gomulya 和 Boeker，2014），降低外部投资者和债权人的风险溢价，进而缓解融资约束。而

“压力假说”认为，分析师关注会造成负向的外部治理作用。分析师关注会激发管理层的短视行为，损害企业的长期利益(Fuller 和 Jensen，2010)。企业的成长能力受限，经营风险增加，外部投资者和债权人的风险溢价提高，加重企业的融资约束。

那么，当企业释放出遭遇诉讼这样会给企业经营和财务带来不确定性的消息时，企业的信息环境恶化，投资者和债权人面临较高的信息成本与违约风险，企业融资能力下降，融资约束加剧。分析师的信息效应和外部治理效应可能会对诉讼情境下的企业融资约束问题有缓解与加剧两个方面的影响：一方面，分析师对企业信息的收集、解读和发放可以改善涉诉企业的信息环境，降低投资者和债权人的信息成本；同时，基于“监督假说”，分析师关注也具有一定的外部治理功能，可以对涉诉企业的管理层行为起到监督作用，敦促涉诉企业的管理层对其进行改善，从而减少委托代理问题，降低投资者和债权人面临的违约风险，降低风险溢价。另一方面，分析师对涉诉企业的情况进行分析并将整合的资料传递到资本市场，有可能会加剧动摇投资者和债权人的信心，使融资成本和难度上升；并且，基于“压力假说”，分析师的关注可能会给涉诉企业的管理层带来负向的外部治理作用，导致企业为了短期内摆脱诉讼压力而损害企业长期利益。基于上述分析，本章节提出如下对立假设：

假设 H4-2a：在其他条件一定的情况下，分析师关注会缓解公司诉讼对融资约束的负面影响。

假设 H4-2b：在其他条件一定的情况下，分析师关注会加重公司诉讼对融资约束的负面影响。

公司诉讼、分析师关注与融资约束之间的关系如图 4-2 所示。

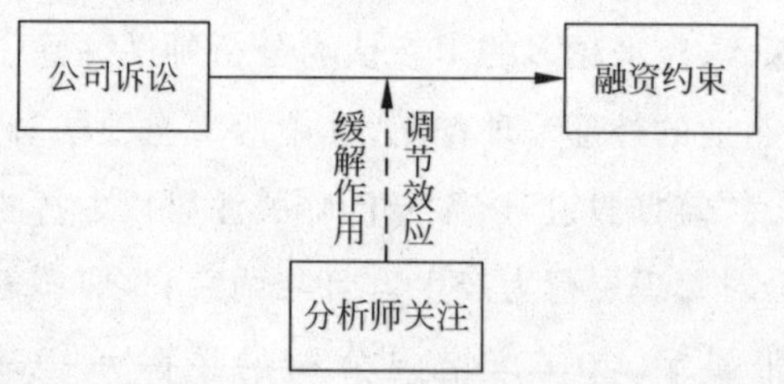

图 4-2　公司诉讼、分析师关注与融资约束之间的关系

4.3 研究设计

1. 样本选择与数据来源

本章节将我国2011—2018年深沪A股上市的民营企业作为初始样本。因主要解释变量需要滞后一期，所以研究样本实际为2012—2018年的数据。样本数据均来自国泰安数据库。考虑到行业的特殊性，同时为了避免其他因素对本章节研究的干预，保证研究结果的稳健性，对数据进行如下处理：①设置行业虚拟变量，剔除金融类上市公司；②剔除股票被ST、*ST标记的公司；③剔除数据缺失的公司。最终得到2 198家上市公司共8 394个观测值。为排除极端值的影响，还对所有连续变量在1%水平下进行缩尾处理(winsorize)。本书实证分析所用的统计软件为Stata15，数据整理所用的软件为Excel。

2. 变量定义

(1) 被解释变量。被解释变量为融资约束(Fconstraint)。我国现有文献对融资约束的测度方法主要有三种：一是根据公司财务指标进行测度，如张涛和郭潇(2018)根据银行信贷水平和商业信贷水平对企业融资约束进行测度；二是根据模型中的系数来反映企业所受融资约束的大小，主要有投资—现金流敏感系数等；三是构建指数，如KZ指数、WW指数、SA指数等。相比各种测度指标，本章节所使用的SA指数运用较为广泛，它由公司规模和年龄两个外生变量组成，克服了前面方法的内生性问题，对于融资约束的衡量有较为真实的反应。SA指数的计算方式如式(4-1)所示：

$$SA = |-0.737 \times Scale + 0.043 \times Scale^2 - 0.04 \times Age| \quad (4\text{-}1)$$

其中,公司规模 $Scale=\ln\frac{Asset}{1\,000\,000}$,Asset 为公司的期末资产总额。SA 指数越大表明企业受到的融资约束(Fconstraint)越严重。

(2) 解释变量。解释变量为公司诉讼(Lawsuit)。本章节借鉴已有做法,选取公司当期是否发生公司诉讼(Lawsuit_dum)以及公司一年内涉诉次数(Lawsuit_count)两个指标衡量公司的诉讼情况。其中,对于哑变量 Lawsuit_dum,若公司当期报告期内发生公司诉讼取 1,反之取 0;变量 Lawsuit_count 计算方法为公司当期报告期内对应公告披露的涉诉事件的数量总和。

(3) 调节变量。调节变量为分析师关注(Analyst)。本章节借鉴大多数学者的研究方法,将分析师关注度的衡量方式设定为一年内对该公司进行过跟踪分析的分析师个人或团队的数量[①]加 1 后取自然对数。

(4) 控制变量。本章节根据现有文献对融资约束的影响研究,在解释变量的基础上加入了其他可能影响公司融资约束的控制变量。具体包括:公司规模(Size),借鉴大部分学者衡量方式,采用年末总资产的自然对数进行衡量;公司资产流动性方面,采用有形资产比率(Tanratio)指标,通过期末固定资产净额与期末总资产的比值计算而得;自有资金比率(Free),用经营现金净流量与投资现金净流量之差除以期初总资产标准化表示企业的自有资金情况;偿债能力方面,选取公司资产负债率指标(Lev);盈利能力方面,本章节选择总资产收益率指标(ROA);公司成长性(Growth),由营业收入增长率来表示;设置审计意见(Audit)为虚拟变量,其中若公司当年年审注册会计师出具非标准无保留意见取 1,否则取 0;用勒纳指数(Lerndex)反映行业竞争情况;货币政策(M2agr)采用货币和准货币 M2 指标的年增长率进行衡量。此外,本章节还分别设置了行业(Ind)、年度(Year)两个虚拟变量来控制行业和年份对数据模型的影响。

本章节变量的含义、符号和衡量方式如表 4-2 所示。

---

① 每一个团队计数为 1,不考虑团队成员总人数。

表 4-2 变量的含义、符号和衡量方式

变量类型	变量含义	变量符号	变量的衡量方式
被解释变量	融资约束	Fconstraint	SA 指数
解释变量	当期是否发生公司诉讼	Lawsuit_dum	有重大诉讼仲裁案件则取 1,否则取 0
	公司一年内涉诉次数	Lawsuit_count	报告期内对应公告披露的涉诉事件总和
调节变量	分析师关注	Analyst	ln(进行跟踪分析的分析师个人或团队的数量+1)
控制变量	公司规模	Size	上市公司年末总资产取对数
	有形资产比率	Tanratio	期末固定资产净额/期末总资产
	自有资金比率	Free	(经营现金净流量－投资现金净流量)/期初总资产
	资产负债率	Lev	期末总负债/期末总资产
	总资产收益率	ROA	期末营业收入/平均资产
	公司成长性	Growth	上市公司营业收入增长率
	审计意见	Audit	公司当年年审注册会计师出具非标准无保留意见取 1,否则取 0
	勒纳指数	Lerndex	(营业收入－营业成本－销售费用－管理费用)/营业收入
	货币政策	M2agr	货币和准货币 M2 指标的年增长率
	行业虚拟变量	Ind	按证监会行业代码分类
	年度虚拟变量	Year	年度

3. 模型设计

为了检验公司诉讼对企业融资约束的影响,建立实证模型:

$$\begin{aligned}\text{Fconstraint}_{i,t} = {} & \beta_0 + \beta_1 \text{Lawsuit}_{i,t} + \beta_2 \text{Size}_{i,t} + \beta_3 \text{Tanratio}_{i,t} + \\ & \beta_4 \text{Free}_{i,t} + \beta_5 \text{Lev}_{i,t} + \beta_6 \text{ROA}_{i,t} + \beta_7 \text{Growth}_{i,t} + \beta_8 \text{Audit}_{i,t} + \\ & \beta_9 \text{Lerndex}_{i,t} + \beta_{10} \text{M2agr}_{i,t} + \sum \text{Ind} + \sum \text{Year} + \varepsilon_{i,t} \qquad (4\text{-}2)\end{aligned}$$

其中,下角标 i 代表企业,t 代表年份。融资约束(Fconstraint)是被解释变量,用 SA 指数衡量。公司诉讼(Lawsuit)是解释变量,使用 Lawsuit_dum 和 Lawsuit_count 两个指标衡量。控制变量包括表 4-2 中列式的所有控制变量。

根据前文的假设推理,公司诉讼的发生会使利益相关者的信息成本增加,并且在一定程度上反映了公司的内部治理缺陷,也反映了公司利益相关者对企业管理者的不信任和利益冲突,向外界传递的信息消极,外部投资者和债权人要求的风险补偿增加,导致企业的融资约束加剧。如果分别将公司诉讼的两种度量指标代入模型(4-2),回归系数 β_1 均显著为正,则表明假设 H4-1 成立。

现有文献研究认为,相对于小型公司,大型公司更容易受到融资约束的影响。早期一些学者利用公司规模来衡量企业受融资约束程度的高低。由于公司规模大,公司发展所需要的资金会更多,其融资需求会更高,其面临的融资约束水平就会相对高一些,基于此,本章节预测公司规模(Size)的系数为正。有形资产比率(Tanratio)大,说明企业固定资产占比大,公司资产流动困难,周转较慢,偿债能力相对较差,并且需要的长期投资更多,企业面临的融资约束就会更严重,因此本章节预测有形资产比率(Tanratio)的系数为正。自有资金比率(Free)大,说明公司内部现金流较为充裕,积累的盈余较多,按照优序融资理论,企业融资会优先使用内部积累的盈余,资金需求一定时,自有资金越多,外部融资需求就会相对减少,从而所受融资约束越轻,因此,本章节预测自有资金比率(Free)的系数为负。企业偿债能力是影响融资难易程度的重要因素,本章节用资产负债率(Lev)指标来衡量,其值越大,公司所面临的财务风险越大,企业的偿债能力越差,投资者和债权人会要求更高的收益率来补偿风险,从而融资成本更高,受到的融资约束也就越严重,所以本章节预测该变量的系数为正。企业的盈利能力越好,越容易获得银行的长期借款(陆正飞等,2018),内部留存收益越多,故公司受到的融资约束越小。总资产收益率(ROA)大表示公司的资产转换成收入的能力较强,也就是说盈利能力强,因此本章节预测该变量的系数为负。公司营业收入增长快说明其市场前景广阔、成长性(Growth)好,更容易获得外部融资,即融资约束程度较低,故其系数为负。当注册会计师出具“非标”意见,反映该企业存在一定的经营风险和财务风险,很可能面临更严重的融资约束问题,所以预测审计意见(Audit)的系数为正。行业竞争是影响企业融资的重要因素之一,勒纳指数(Lerndex)越大,表示垄断势力越大,市场化程度越低,融资约束较大,故预测其系数为正。货币和准货币 M2 指标主要衡量投资市场和资本市场的买卖活动，其增长率（M2agr）大，说明投资市场活跃，企业融资的外部环境较好，企业融资约束较同期相比有所缓解，故本章节预测货币政策（M2agr）的系数为负。

为了检验分析师关注的调节作用，即分析师关注会缓解抑或加重公司诉讼对融资约束的负面影响，建立模型：

$$
\begin{aligned}
\text{Fconstraint}_{i,t} = {} & \beta_0 + \beta_1 \text{Lawsuit}_{i,t} + \beta_2 \text{Analyst}_{i,t} + \beta_3 \text{Lawsuit}_{i,t} \times \text{Analyst}_{i,t} + \\
& \beta_4 \text{Size}_{i,t} + \beta_5 \text{Tanratio}_{i,t} + \beta_6 \text{Free}_{i,t} + \beta_7 \text{Lev}_{i,t} + \beta_8 \text{ROA}_{i,t} + \\
& \beta_9 \text{Growth}_{i,t} + \beta_{10} \text{Audit}_{i,t} + \beta_{11} \text{Lerndex}_{i,t} + \\
& \beta_{12} \text{M2agr}_{i,t} + \sum \text{Ind} + \sum \text{Year} + \varepsilon_{i,t} \qquad (4\text{-}3)
\end{aligned}
$$

其中，Lawsuit×Analyst 为公司诉讼（Lawsuit）与分析师关注（Analyst）的交乘项。公司诉讼两种度量指标的交乘项分别为 Lawsuit_dum×Analyst、Lawsuit_count×Analyst。控制变量包括表 4-2 中列式的所有控制变量。

根据前文的假设推理，如果公司诉讼与分析师关注的交乘项回归系数 β_3 显著为负，表明分析师关注具有调节效应且会缓解公司诉讼对融资约束的负面影响，此时假设 H4-2a 成立；而如果公司诉讼与分析师关注的交乘项回归系数 β_3 显著为正，则表明分析师的调节作用会加重公司诉讼对融资约束的负面影响，此时假设 H4-2b 成立。同理，根据模型（4-2）的分析，本章节预测模型（4-3）中，公司规模（Size）、有形资产比率（Tanratio）、资产负债率（Lev）、审计意见（Audit）和勒纳指数（Lerndex）的系数为正，自有资金比率（Free）、总资产收益率（ROA）、公司成长性（Growth）和货币政策（M2agr）的系数为负。

4.4 实证检验

本部分根据前面确定的样本数据、变量指标以及模型对本书提出的假设进行实证检验和分析。首先，对样本各变量进行整体描述，分析变量基本特征；其次，对变量间的相关性进行检验，对主要变量之间的关系进行初步验证；然后，对前文提到的模型进行回归分析，验证假设是否成立；最后，通过稳健性检验进一步为探究结果提供支持。

1. 描述性统计

本章节实证样本共涉及 2 198 家上市民营企业、8 394 个观测值。将所有涉诉样本公司按照年度和行业分别进行统计分析，如表 4-3 与表 4-4 所示，并根据统计数据绘制图 4-3、图 4-4 和图 4-5。

表 4-3 诉讼事件的年度分布

年份	样本公司数量/家	涉诉公司数量/家	公司涉诉率/%	诉讼案件数量/起
2012	686	84	12.24	194
2013	873	100	11.45	240
2014	845	106	12.54	289
2015	1 123	211	18.79	734
2016	1 340	269	20.07	1 123
2017	1 570	384	24.46	1 768
2018	1 957	500	25.55	2 411

资料来源：国泰安数据库并经个人整理。

表 4-4 诉讼事件的行业分布

行　业[①]	样本公司数量/家	涉诉公司数量/家	公司涉诉率/%	诉讼案件数量/起
A 农、林、牧、渔业	26	7	26.92	75
B 采矿业	29	10	34.48	108
C 制造业	1 583	501	31.65	4 402
D 电力、热力、燃气及水生产和供应业	15	6	40.00	29
E 建筑业	61	30	49.18	484
F 批发和零售业	80	44	55.00	497
G 交通运输、仓储和邮政业	18	5	27.78	27
H 住宿和餐饮业	2	2	100.00	24

① 所属行业进行过变更的企业按最新所属行业分组。

续表

行　业	样本公司数量/家	涉诉公司数量/家	公司涉诉率/%	诉讼案件数量/起
I 信息传输、软件和信息技术服务业	176	63	35.80	395
K 房地产业	66	37	56.06	188
L 租赁和商务服务业	31	16	51.61	152
M 科学研究和技术服务业	29	7	24.14	50
N 水利、环境和公共设施管理业	37	6	16.22	43
P 教育业	1	1	100.00	2
Q 卫生和社会工作	8	3	37.50	35
R 文化、体育和娱乐业	27	11	40.74	94
S 综合行业	9	4	44.44	154

资料来源：国泰安数据库。

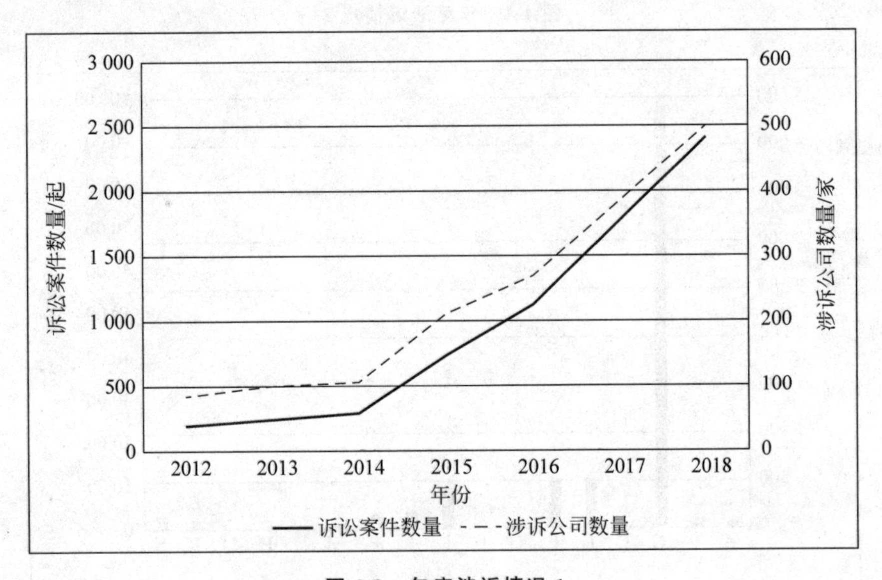

图 4-3　年度涉诉情况 1

由表 4-3 可知，2012 年我国民营企业涉诉公司数量和公司涉诉率仅为 84 家和 12.24%，诉讼案件有 194 起；而到 2018 年，涉诉公司数量已达 500 家，约占当年样本公司总数的 26%，诉讼案件也超过 2 400 起。由图 4-3 和图 4-4 也可以直观地看出，7 年来我国民营企业涉诉公司数量、公司涉诉率以及诉讼

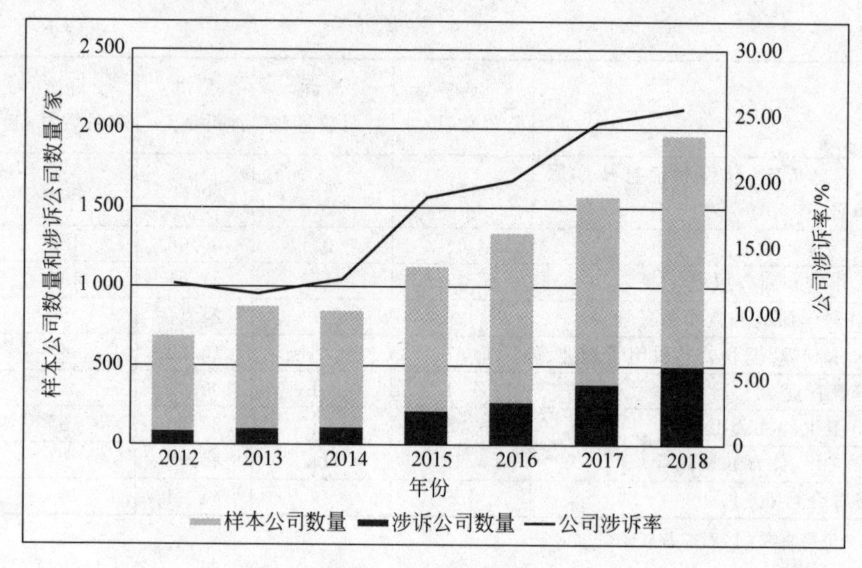

图 4-4　年度涉诉情况 2

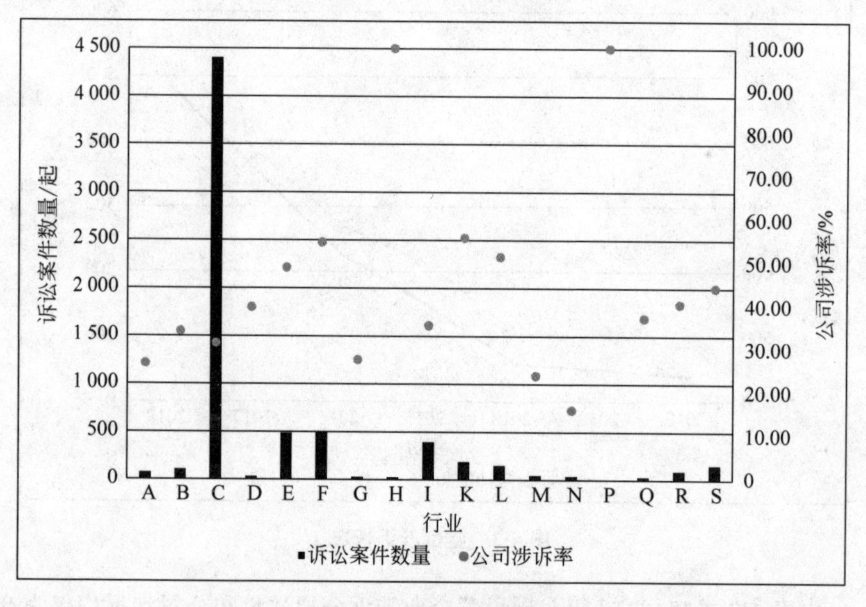

图 4-5　行业涉诉情况

案件数量均呈现递增的趋势，说明我国依法治国成效显著，法律维权的效率不断提高。公司维权不再是传统的“人追债”或者“吃哑巴亏”，而更多的是使用法律武器维护自身的正当权益。

表4-4和图4-5反映的统计结果说明，我国不同行业的民营企业诉讼情况差别较大。2012年至2018年，我国民营企业中建筑业、批发和零售业、住宿和餐饮业、房地产业、租赁和商务服务业、教育业以及综合行业的公司涉诉率较高，容易卷入法律诉讼；农、林、牧、渔业，交通运输、仓储和邮政业，科学研究和技术服务业及水利、环境和公共设施管理业的公司涉诉率较低，诉讼风险较小。

接着，我们对本章节所研究样本公司的各个变量进行描述性统计，统计结果如表4-5所示。

表4-5　各变量的描述性统计结果

变　量	样本量	均值	最小值	中位数	最大值	标准差
Fconstraint	8 394	3.374	2.895	3.317	4.096	0.255
Lawsuit_dum	8 394	0.197	0.000	0.000	1.000	0.398
Lawsuit_count	8 394	0.805	0.000	0.000	21.000	2.781
Analyst	8 394	1.633	0.000	1.792	3.738	1.130
Size	8 394	21.850	19.880	21.730	26.090	1.068
Tanratio	8 394	0.186	0.002	0.164	0.687	0.130
Free	8 394	0.153	−0.244	0.130	0.779	0.172
Lev	8 394	0.363	0.047	0.347	0.855	0.188
ROA	8 394	0.630	0.011	0.533	12.370	0.510
Growth	8 394	0.225	−0.464	0.149	2.428	0.403
Audit	8 394	0.017	0.000	0.000	1.000	0.129
Lerndex	8 394	0.128	−0.196	0.113	0.524	0.107
M2agr	8 394	0.109	0.082	0.110	0.144	0.022

资料来源：笔者根据Stata15输出结果编制。

从表4-5可以看出，总体样本中公司融资约束(Fconstraint)的SA指数最小值为2.895，最大值为4.096，均值为3.374，标准差为0.255。民营企业样本的SA指数分布较为均匀，说明我国深沪A股上市民营企业基本都面临着融资约束的问题，但情况差异较小，两极化现象不明显。指标当期是否发生公司诉讼(Lawsuit_dum)的均值为0.197，表明全面板数据中涉诉的民营企业数据占比为19.7%。指标公司一年内涉诉次数(Lawsuit_count)的最小值为0，中位数为0，最大值为21，均值为0.805，标准差为2.781，说明我国深沪A股上市民营企业的涉诉情况差异较大，但多半面板数据中的民营企业未卷入诉讼案件之中。指标分析师关注(Analyst)的最小值为0,最大值为3.738,均值为1.633,标准差也较大,具体为1.130,说明不同民营企业的分析师关注差异较大,有的企业无分析师关注,而有的企业一年内会受到多个个人或团队分析师的跟踪调研,这种差异也为研究提供了一个良好的契机。控制变量中,样本差异最明显的是公司规模(Size),其最小值为19.880,最大值为26.090,均值为21.850,标准差为1.068,说明我国民营企业的大中小型规模的跨度较大。指标有形资产比率(Tanratio)的均值为0.186,说明我国民营上市公司有形资产比例在18%左右,标准差较小,为0.130,整体分布较为均匀,但也存在最小值0.002、最大值0.687这种极端情况。指标自有资金比率(Free)的均值为0.153,标准差为0.172,说明我国民营上市公司的自有资金比率差异不大,但也存在特殊的极端情况。指标资产负债率(Lev)的均值为0.363,标准差为0.188,说明我国民营上市公司资产负债率的平均水平为36.3%,整体水平偏低,财务政策偏向保守,偿债能力较好。指标总资产收益率(ROA)的最小值和最大值差异较大,且标准差也较大,说明我国民营上市公司的营运盈利能力参差不齐。指标公司成长性(Growth)的情况差异也较大,标准差为0.403,最大值为2.428,而最小值为−0.464,另外均值为0.225,表明我国民营上市公司普遍在稳步发展。指标审计意见(Audit)的均值仅为0.017,中位数为0,说明我国民营上市企业被出具“非标”意见情况较少,经营情况和财务状况总体健康。此外,勒纳指数(Lerndex)和货币政策(M2agr)的均值分别为0.128和0.109,说明我国民营上市企业市场化进程有待提高,我国总体货币政策较为稳健。通过对控制变量的均值、标准差、最小值、中位数和最大值进行观察,未发现异常情况。

2. 相关性分析

本小节对本章使用的模型所涉及的所有变量进行了相关性分析,Pearson相关系数的检验结果见表4-6。公司诉讼指标(Fconstraint)与融资约束指标(Lawsuit_dum和Lawsuit_count)的相关系数均为正,且在0.01的水平下显著。

表 4-6　Pearson 相关系数的检验结果

变　量	Fconstraint	Lawsuit-dum	Lawsuit-count	Analyst	Size	Tanratio	Free	Lev	ROA	Growth	Audit	Lerndex	M2agr
Fconstraint	1												
Lawsuit-dum	0.152***	1											
Lawsuit-count	0.109***	0.584***	1										
Analyst	−0.012	−0.059***	−0.048***	1									
Size	0.475***	0.129***	0.126***	0.352***	1								
Tanratio	−0.005	−0.037***	−0.013	−0.065***	−0.054***	1							
Free	−0.082***	−0.048***	−0.039***	0.256***	0.042***	0.128***	1						
Lev	0.339***	0.149***	0.121***	0.049***	0.571***	−0.005	−0.084***	1					
ROA	0.024**	0.028***	0.036***	0.090***	0.071***	0.064***	0.052***	0.163***	1				
Growth	0.021*	0.008	0.007	0.142***	0.117***	−0.112***	0.184***	0.109***	0.137***	1			
Audit	0.070***	0.092***	0.104***	−0.065***	0.013	−0.033***	−0.034***	0.078***	0.006	−0.005	1		
Lerndex	−0.004	−0.052***	−0.054***	0.293***	0.090***	−0.107***	0.231***	−0.150***	−0.202***	0.169***	−0.042***	1	
M2agr	−0.138***	−0.113***	−0.115***	0.087***	−0.179***	0.055***	0.067***	−0.077***	−0.024**	−0.052***	−0.024**	−0.021*	1

资料来源：笔者根据 Stata15 输出结果编制。

注：***、**、* 分别表示在 0.01、0.05 和 0.1 的水平下显著。

初步表明二者存在显著的正相关关系，即公司诉讼会加剧企业的融资约束，涉诉案件越多，融资约束问题越严重。控制变量与被解释变量基本都在至少1%的水平下存在相关关系。此外，主要变量的 Pearson 系数均在 0.5 以下，说明解释变量之间不存在严重的多重共线性。

3. 回归结果分析

本章节使用 Stata15 软件对模型进行实证研究。首先，对模型(4-2)进行回归处理，得到的公司诉讼对融资约束回归结果如表 4-7 的第(1)、(2)列所示。可以看到，两个公司诉讼指标(Lawsuit_dum 和 Lawsuit_count)与融资约束指标(Fconstraint)均在 0.01 的水平下显著正相关，说明公司诉讼显著影响外部融资的难易程度，公司诉讼会加剧企业的融资约束，对融资约束产生负面影响。至此，本章节假设 H4-1 得以验证。

表 4-7　模型(4-2)回归结果

变　量	被解释变量：Fconstraint	
	(1)	(2)
Lawsuit_dum	0.037***	
	(6.31)	
Lawsuit_count		0.002***
		(2.72)
Size	0.093***	0.093***
	(32.85)	(32.82)
Tanratio	0.102***	0.100***
	(4.99)	(4.91)
Free	−0.114***	−0.115***
	(−7.88)	(−7.92)
Lev	0.069***	0.074***
	(4.21)	(4.50)
ROA	−0.020***	−0.019***
	(−2.80)	(−2.75)
Growth	−0.010*	−0.010*
	(−1.66)	(−1.69)
Audit	0.100***	0.105***
	(5.63)	(5.85)

续表

变　量	被解释变量：Fconstraint	
	(1)	(2)
Lerndex	−0.033	−0.035
	(−1.33)	(−1.42)
M2agr	−1.347***	−1.389***
	(−7.76)	(−7.98)
常数项	1.443***	1.449***
	(21.19)	(21.24)
行业	控制	控制
年度	控制	控制
样本量	8 394	8 394
F 值	130.53	128.98
调整的 R^2	0.324	0.321

资料来源：笔者根据 Stata15 输出结果编制。

注：括号内为 t 值；***、**、* 分别表示在 0.01、0.05 和 0.1 的水平下显著。

此外，公司规模(Size)变量的回归系数在 0.01 的水平下显著为正，也就是说规模较大的企业在发展时所需要的资金量更大，融资需求更高，其面临的融资约束问题就会相对高一些。有形资产比率(Tanratio)的回归系数为正，并在 0.01 的水平下显著，说明固定资产占比大的企业，资产流动性较差，周转速度较低，需要更多的长期投资，所以融资约束就会更严重。自有资金比率(Free)的回归系数为负，且在 0.01 的水平下显著，说明企业的自有资金比率高，内部现金流充裕，外部融资需求较少，并且自有资金比率高的企业经营安全性高，继续获得贷款的可能性大，因此企业的融资约束问题小。资产负债率(Lev)的回归系数在 0.01 的水平下显著为正，表示企业的偿债能力越差，投资者和债权人要求的必要报酬率越高，造成企业的融资成本增加，公司所面临的融资约束加剧。总资产收益率(ROA)与公司成长性(Growth)的回归系数分别在 0.01 和 0.1 的显著性水平下为负，说明盈利能力越强、成长性越好的企业越倾向内部融资，并且其所受到融资约束程度越低。审计意见(Audit)的回归系数在 0.01 的水平下显著为正，说明当企业面临经营或舞弊等风险时，企业受到的外部融资约束更大一些。货币政策(M2agr)的回归系数也在 0.01 的水平下显著为负，说明货币政策对公司的外部融资产生了影响。

在模型(4-2)的基础上加入调节变量分析师关注(Analyst)，以及公司诉讼与分析师关注变量的交乘项(Lawsuit_dum×Analyst 和 Lawsuit_count×Analyst)得到模型(4-3)，用以验证假设 H4-2a，回归结果如表 4-8 所示。

表 4-8　模型(4-3)回归结果

变　量	被解释变量：Fconstraint	
	(1)	(2)
Lawsuit_dum	0.065***	
	(6.72)	
Lawsuit_count		0.005***
		(4.20)
Analyst	−0.029***	−0.031***
	(−10.86)	(−12.32)
Lawsuit_dum×Analyst	−0.021***	
	(−4.18)	
Lawsuit_count×Analyst		−0.002***
		(−3.78)
Size	0.111***	0.111***
	(35.91)	(35.91)
Tanratio	0.081***	0.079***
	(3.99)	(3.90)
Free	−0.089***	−0.088***
	(−6.14)	(−6.09)
Lev	0.048***	0.054***
	(2.96)	(3.27)
ROA	−0.003	−0.003
	(−0.48)	(−0.37)
Growth	−0.009	−0.010*
	(−1.53)	(−1.66)
Audit	0.086***	0.091***
	(4.87)	(5.14)
Lerndex	0.051**	0.050*
	(2.02)	(1.95)
M2agr	−0.861***	−0.895***
	(−4.91)	(−5.09)

续表

变　量	被解释变量：Fconstraint	
	(1)	(2)
常数项	1.041***	1.049***
	(14.20)	(14.29)
行业	控制	控制
年度	控制	控制
样本量	8 394	8 394
F 值	131.28	129.89
调整的 R^2	0.339	0.336

资料来源：笔者根据Stata15输出结果编制。

注：括号内为 t 值；***、**、* 分别表示在0.01、0.05和0.1的水平下显著。

从表4-8可以看出，分析师关注(Analyst)与融资约束(Fconstraint)在0.01的水平下显著负相关，说明分析师关注对融资约束具有一定的减轻作用。与此同时，公司诉讼与分析师关注交乘项的系数均在0.01的水平下显著为负，说明分析师关注在公司诉讼加剧融资约束的关系中可以起到调节作用，并且能够缓解公司诉讼对融资约束的负面影响。至此，假设H4-2a得以验证。控制变量方面，与之前的预测分析基本保持一致。

4. 进一步研究

分析师关注发挥缓解作用的机制是降低信息不对称程度吗？如果分析师关注是通过降低信息不对称程度，减少外部投资者和债权人对公司涉诉的顾虑达到缓解融资约束效果的话，那么，在其他条件一样的情况下，分析师关注应该可以改善那些信息披露质量较差的公司的外部信息环境，发挥显著的融资约束缓解作用；但对于那些信息披露质量较高的公司来说，由于其外部信息环境的改善空间有限，分析师关注的作用效果可能并不明显。所以本章节研究分析师关注是否能起到缓解公司信息不对称问题时，可以按照公司信息披露质量进行分组回归。具体而言，现有研究对于公司信息披露质量的衡量很多都利用沪深两市证券交易所发布的公司透明度指标来表示，因此本章节按沪深两市证券交易所发布的公司透明度指标将样本分为低信息透明度组(Low1)和高信息透明度组(High1),代入模型(4-3)进行分组回归检验。

实证检验结果如表4-9所示,在低透明度组(Low1)中,公司诉讼与分析师关注的交乘项(Lawsuit_count×Analyst)系数显著为负;而在高透明度组(High1)中,系数为负但不显著。这说明,分析师关注可以在一定的程度上缓解信息不对称程度,透明度低的公司卷入诉讼案件后,分析师关注发挥缓解融资约束的作用明显;而对本身透明度较高、信息披露质量较好的公司,分析师关注的这种缓解作用并不明显。换言之,分析师关注通过收集涉诉企业的信息并进行分析和发放,降低信息不对称程度,以发挥缓解公司诉讼带来的融资约束的作用。

表4-9 公司信息披露质量分组回归结果

变量	被解释变量:Fconstraint	
	(1) Low1	(2) High1
Lawsuit_count	0.003**	−0.005
	(2.30)	(−1.00)
Analyst	−0.029***	−0.012**
	(−10.25)	(−2.45)
Lawsuit_count×Analyst	−0.001*	−0.002
	(−1.73)	(−0.96)
Size	0.127***	0.107***
	(34.58)	(18.37)
Tanratio	0.095***	0.131***
	(4.20)	(3.52)
Free	−0.056***	−0.061**
	(−3.49)	(−2.36)
Lev	−0.005	−0.069**
	(−0.27)	(−2.08)
ROA	0.020**	0.030**
	(2.55)	(2.19)
Growth	−0.013**	−0.055***
	(−2.05)	(−4.25)
Audit	0.068***	—
	(3.93)	—
Lerndex	0.065**	0.177***
	(2.31)	(3.47)

续表

变　量	被解释变量：Fconstraint	
	(1) Low1	(2) High1
M2agr	−1.389***	−1.896***
	(−7.44)	(−5.93)
常数项	0.727***	1.001***
	(8.38)	(7.06)
行业	控制	控制
年度	控制	控制
样本量	5 212	1 349
F 值	114.52	29.31
调整的 R^2	0.411	0.379

资料来源：笔者根据 Stata15 输出结果编制。

注：括号内为 *t* 值；***、**、* 分别表示在 0.01、0.05 和 0.1 的水平下显著。

以上研究表明，分析师关注可以通过降低信息不对称程度来缓解公司诉讼对融资约束的负面影响，但是，这种缓解作用具有普适性吗？换言之，如果企业陷入了严重的诉讼问题，分析师对企业的信息披露还能否起到缓解作用？

公司诉讼在一定程度上反映出公司内部治理存在缺陷，并且不同的涉诉金额对公司的影响不同。若公司一年内涉诉金额较小或为零，则外部投资者和债权人等利益相关者会对管理层抱有较高的容忍度，此时公司诉讼引起的代理冲突较弱；若涉诉金额较大，则容忍度较低，此时公司诉讼引起的代理冲突会较强。所以我们可以按照公司涉诉金额将样本分成低涉诉金额组(Low2)和高涉诉金额组(High2)，再代入模型(4-3)中分别进行回归检验。

实证结果如表 4-10 所示，在涉诉金额低的组(Low2)中，公司诉讼与分析师关注的交乘项(Lawsuit_count×Analyst)系数为负且在 0.01 的水平下成立；而在涉诉金额高的组(High2)中，交乘项系数趋近于 0 且不显著。这说明分析师关注的缓解作用是有限的，当公司诉讼引起的代理冲突较小时，分析师关注的信息效应可以缓解公司卷入诉讼案件这一“坏消息”对融资约束的影响；而代理冲突较大时，分析师关注对公司诉讼造成融资约束问题的缓解作用不明显，这可能是由于公司弊病较大，资本市场信心严重不足所导致。

表 4-10　代理冲突程度分组回归结果

变　量	被解释变量：Fconstraint	
	(1) Low2	(2) High2
Lawsuit_count	0.013***	−0.000
	(4.43)	(−0.09)
Analyst	−0.030***	−0.040***
	(−11.56)	(−3.86)
Lawsuit_count×Analyst	−0.008***	0.000
	(−5.42)	(0.34)
Size	0.117***	0.078***
	(35.93)	(7.93)
Tanratio	0.063***	0.258***
	(2.98)	(3.73)
Free	−0.090***	−0.058
	(−6.07)	(−1.07)
Lev	0.036**	0.112**
	(2.11)	(2.19)
ROA	−0.006	0.022
	(−0.78)	(0.99)
Growth	−0.015**	0.035*
	(−2.38)	(1.88)
Audit	0.084***	0.098***
	(3.98)	(2.73)
Lerndex	0.047*	0.129*
	(1.75)	(1.70)
M2agr	−0.849***	−1.204*
	(−4.70)	(−1.76)
常数项	0.893***	1.924***
	(11.57)	(8.18)
行业	控制	控制
年度	控制	控制
样本量	7 489	905
F 值	121.74	11.86
调整的 R^2	0.347	0.278

资料来源：笔者根据 Stata15 输出结果编制。

注：括号内为 t 值；***、**、* 分别表示在 0.01、0.05 和 0.1 的水平下显著。

4.5 稳健性检验

为了验证模型的准确性、检验本章节研究结论的稳定性，对模型进行以下稳健性检验。

1. 倾向得分匹配法回归

倾向得分匹配法是使用非实验数据或观测数据进行分析的一种统计方法。在理想情况下，如果我们可以同时观测到某一事件发生与不发生的两个结果，那么这一事件发生后的情况与这一事件不发生的情况之间的差异即为该事件的处置效应，可以说这个处置效应与事件发生存在因果关系；而在现实情况下，我们不可能同时观测某一事件发生与不发生的两个结果，一旦某一事件发生，就不存在该事件不发生的结果，我们永远只能观测到一个结果，另一个结果必然是缺失的。那么，在缺失一种结果的现实情况中，计算处置效应的方法一般是对比处置组与控制组之间的平均差异，其中处置组是接受处置即经历过事件的样本集合，控制组是未接受处置即没有经历过事件的样本集合。这种计算方法忽视了处置组与控制组的样本之间本身存在的差异，而且这种差异还可能随时间的推移而放大，所以如果样本量没有足够大，无法基于大数定律消除处置组与控制组之间混杂变量的影响，得出的处置效应会存在一定的偏差。而匹配的思想，就是为处置组里的样本从控制组中找到更加契合的实验对照形成匹配组。“契合”是指经过某些筛选标准后，匹配组的样本与处置组里的样本具有更高的相似特征，比如说类似的公司规模、类似的资产负债率、类似的自有资金比率等。随着筛选的限制条件增多，匹配的契合度能够提升，但是匹配的难度也上升，倾向得分匹配法可以解决这个问题。倾向性得分匹配可以化繁为简，将多维的条件压缩成一维进行样本的匹配。

当探讨分析师关注对公司诉讼造成的融资约束所发挥的作用时，考虑到分析师对企业的关注可能并非随机行为，而是基于公司情况有意识选择的。为了较大程度地消除涉诉企业（处置组）与未涉诉企业（控制组）之间的特征差异，降低自选择问题，本章节采用倾向性得分匹配法进行回归检验。根据研究期间（2011 年至 2018 年）涉诉公司（处置组）的公司规模（Size）、公司资产流动性指标有形资产比率（Tanratio）、自有资金比率（Free）、偿债能力指标资产负债率（Lev）以及审计意见（Audit）等特征匹配到最相似的在相同时间段内未涉诉的公司（控制组）样本匹配一组，匹配后的处置组和控制组排除了公司规模、流动性、偿债能力等差异后，只保留是否涉诉这一项差异。设置公司涉诉虚拟变量（Litigation），即若企业在研究期内涉诉，则 Lawsuit 赋值为 1；若企业在研究期内从未涉诉，则 Lawsuit 赋值为 0。利用 logit 逻辑模型构造匹配模型（4-4）：

$$\text{Litigation}_{i,t} = \beta_0 + \beta_1 \text{Size}_{i,t} + \beta_2 \text{Tanratio}_{i,t} + \beta_3 \text{Free}_{i,t} + \beta_4 \text{Lev}_{i,t} + \beta_5 \text{Audit}_{i,t} + \sum \text{Ind} + \varepsilon_{i,t} \quad (4\text{-}4)$$

倾向得分匹配情况和倾向得分匹配后的回归结果如表 4-11 和表 4-12 所示。

表 4-11　平衡性检验表

协变量	未匹配 U/匹配 M	处置组均值	控制组均值	偏差/%	t 值	p 值
Size	U	22.163	21.746	38.2	15.76	0.000
	M	22.157	22.157	0.0	0.01	0.996
Tanratio	U	0.175 75	0.189 59	−10.6	−4.24	0.000
	M	0.175 98	0.173 76	1.7	0.55	0.582
Free	U	0.134 45	0.159 27	−14.3	−5.75	0.000
	M	0.134 68	0.132 89	1.0	0.34	0.733
Lev	U	0.417 83	0.344 58	38.4	15.75	0.000
	M	0.417 12	0.418 41	−0.7	−0.21	0.831
Audit	U	0.035 75	0.010 69	16.7	7.74	0.000
	M	0.033 93	0.029 85	2.7	0.76	0.449

资料来源：笔者根据 Stata15 输出结果编制。

表 4-12　倾向得分匹配法回归结果

变量	被解释变量：Fconstraint	
	(1)	(2)
Lawsuit_dum	0.041***	
	(3.73)	
Lawsuit_count		0.003**
		(2.39)
Analyst	−0.033***	−0.034***
	(−9.34)	(−10.50)
Lawsuit_dum×Analyst	−0.009*	
	(−1.65)	
Lawsuit_count×Analyst		−0.001**
		(−1.99)
Size	0.093***	0.093***
	(24.03)	(23.98)
Tanratio	0.098***	0.097***
	(3.69)	(3.66)
Free	−0.090***	−0.089***
	(−4.81)	(−4.72)
Lev	0.044**	0.046**
	(2.14)	(2.26)
ROA	0.002	0.003
	(0.24)	(0.30)
Growth	−0.002	−0.003
	(−0.28)	(−0.36)
Audit	0.100***	0.102***
	(5.06)	(5.15)
Lerndex	0.063*	0.062*
	(1.95)	(1.90)
M2agr	−1.172***	−1.207***
	(−4.95)	(−5.09)
常数项	1.509***	1.522***
	(16.23)	(16.39)
行业	控制	控制
年度	控制	控制
样本量	5 643	5 643
F 值	72.19	71.63
调整的 R^2	0.294	0.292

资料来源：笔者根据 Stata15 输出结果编制。

注：括号内为 *t* 值；***、**、* 分别表示在 0.01、0.05 和 0.1 的水平下显著。

从平衡性检验表中可以看出,匹配前处置组样本和控制组样本之间的协变量指标偏差较大,且差异的 p 值显著为 0,这说明两组样本之间确实存在较大差异。经过倾向性得分匹配后,两组数据之间的偏差减小,说明这一问题在一定程度上得到了纠正,自选择偏差得到了较好的排除。

倾向性得分匹配法的回归结果显示,公司诉讼变量 Lawsuit_dum、Lawsuit_count 对融资约束变量的回归系数分别在 0.01 和 0.05 的水平下显著为正,依然支持公司诉讼会加剧融资约束问题的结论,并且,分析师关注变量(Analyst)的回归系数显著为负,公司诉讼与分析师关注变量的交乘项(Lawsuit_dum×Analyst 和 Lawsuit_count×Analyst)系数显著为负,依然支持前文分析师关注缓解公司诉讼对融资约束负面影响的结论。

2. 替换变量

本章节原本对分析师关注的度量方式为进行跟踪分析的分析师个人或团队的数量加 1 后取自然对数,在稳健性检验中,本章节借鉴李春涛等(2014)的做法,改变分析师关注的度量方式,将一年内对公司进行过跟踪分析的研报数量,加 1 后取自然对数,作为原调节变量的替代变量(Follow)。更换为替代变量后,新的调节效应模型(4-5)如下。

$$\begin{aligned}\text{Fconstraint}_{i,t} = {} & \beta_0 + \beta_1 \text{Lawsuit}_{i,t} + \beta_2 \text{Follow}_{i,t} + \beta_3 \text{Lawsuit}_{i,t} \times \text{Follow}_{i,t} + \\ & \beta_4 \text{Size}_{i,t} + \beta_5 \text{Tanratio}_{i,t} + \beta_6 \text{Free}_{i,t} + \beta_7 \text{Lev}_{i,t} + \beta_8 \text{ROA}_{i,t} + \\ & \beta_9 \text{Growth}_{i,t} + \beta_{10} \text{Audit}_{i,t} + \beta_{11} \text{Lerndex}_{i,t} + \beta_{12} \text{M2agr}_{i,t} + \\ & \sum \text{Ind} + \sum \text{Year} + \varepsilon_{i,t}\end{aligned} \tag{4-5}$$

替代变量回归结果如表 4-13 所示。可以发现,分析师关注变量(Follow)的回归系数依然显著为负,公司诉讼与分析师关注变量的交乘项(Lawsuit_dum×Follow 和 Lawsuit_count×Follow)系数也依然显著为负。新的调节变量(Follow)也在公司诉讼与融资约束的关系中发挥了调节作用,依然说明分析师关注可以缓解公司诉讼对融资约束的负面影响,进一步提高了研究结论的稳健性。

表 4-13 替换变量回归结果

变量	被解释变量：Fconstraint	
	(1)	(2)
Lawsuit_dum	0.063***	
	(6.60)	
Lawsuit_count		0.005***
		(4.10)
Follow	−0.023***	−0.025***
	(−10.83)	(−12.21)
Lawsuit_dum×Follow	−0.016***	
	(−4.00)	
Lawsuit_count×Follow		−0.002***
		(−3.68)
Size	0.111***	0.111***
	(35.82)	(35.83)
Tanratio	0.079***	0.078***
	(3.93)	(3.83)
Free	−0.088***	−0.088***
	(−6.11)	(−6.06)
Lev	0.050***	0.055***
	(3.05)	(3.36)
ROA	−0.003	−0.003
	(−0.49)	(−0.38)
Growth	−0.009	−0.009
	(−1.43)	(−1.56)
Audit	0.086***	0.091***
	(4.87)	(5.14)
Lerndex	0.053**	0.051**
	(2.07)	(2.00)
M2agr	−0.901***	−0.935***
	(−5.15)	(−5.33)
常数项	1.048***	1.055***
	(14.29)	(14.37)

续表

变　量	被解释变量：Fconstraint	
	(1)	(2)
行业	控制	控制
年度	控制	控制
样本量	8 394	8 394
F	131.03	129.66
调整的 R^2	0.338	0.336

资料来源：笔者根据 Stata15 输出结果编制。

注：括号内为 t 值；***、**、* 分别表示在 0.01、0.05 和 0.1 的水平下显著。

3. 滞后变量

考虑到现实中公司诉讼这一不确定性事件对融资约束的影响和分析师关注发挥作用会存在一定的时间滞后效应，以及公司诉讼与融资约束可能存在一定的内生性，本章节稳健性检验还将公司诉讼和分析师关注分别滞后一期再代入模型(4-3)和模型(4-5)中进行回归检验，新的模型如式(4-6)和式(4-7)所示。

$$\begin{aligned}\text{Fconstraint}_{i,t} = &\beta_0 + \beta_1 \text{Lawsuit\_1}_{i,t} + \beta_2 \text{Analyst\_1}_{i,t} + \beta_3 \text{Lawsuit\_1}_{i,t} \times \\ &\text{Analyst\_1}_{i,t} + \beta_4 \text{Size}_{i,t} + \beta_5 \text{Tanratio}_{i,t} + \beta_6 \text{Free}_{i,t} + \\ &\beta_7 \text{Lev}_{i,t} + \beta_8 \text{ROA}_{i,t} + \beta_9 \text{Growth}_{i,t} + \beta_{10} \text{Audit}_{i,t} + \\ &\beta_{11} \text{Lerndex}_{i,t} + \beta_{12} \text{M2agr}_{i,t} + \sum \text{Ind} + \sum \text{Year} + \varepsilon_{i,t}\end{aligned} \tag{4-6}$$

$$\begin{aligned}\text{Fconstraint}_{i,t} = &\beta_0 + \beta_1 \text{Lawsuit\_1}_{i,t} + \beta_2 \text{Follow\_1}_{i,t} + \beta_3 \text{Lawsuit\_1}_{i,t} \times \\ &\text{Follow\_1}_{i,t} + \beta_4 \text{Size}_{i,t} + \beta_5 \text{Tanratio}_{i,t} + \beta_6 \text{Free}_{i,t} + \\ &\beta_7 \text{Lev}_{i,t} + \beta_8 \text{ROA}_{i,t} + \beta_9 \text{Growth}_{i,t} + \beta_{10} \text{Audit}_{i,t} + \\ &\beta_{11} \text{Lerndex}_{i,t} + \beta_{12} \text{M2agr}_{i,t} + \sum \text{Ind} + \sum \text{Year} + \varepsilon_{i,t}\end{aligned} \tag{4-7}$$

变量滞后一期的回归结果如表 4-14 和表 4-15 所示。滞后一期的公司诉讼变量(Lawsuit_dum_1 和 Lawsuit_count_1)对融资约束变量(Fconstraint)的回归系数显著为正,滞后一期的分析师关注变量(Analyst_1 和 Follow_1)的回归系数显著为负,滞后一期的公司诉讼与分析师关注变量的交乘项(Lawsuit_dum_1×Analyst_1、Lawsuit_count_1×Analyst_1 和 Lawsuit_dum_1×Follow_1、Lawsuit_count_1×Follow_1)系数显著为负,依然支持分析师关注可以缓解公司诉讼对融资约束的负面影响的结论,进一步提高了研究结论的稳健性。

表 4-14 滞后变量回归结果 1

变 量	被解释变量:Fconstraint	
	(1)	(2)
Lawsuit_dum_1	0.073***	
	(5.72)	
Lawsuit_count_1		0.006***
		(3.34)
Analyst_1	−0.032***	−0.035***
	(−10.48)	(−11.95)
Lawsuit_dum_1×Analyst_1	−0.023***	
	(−3.67)	
Lawsuit_count_1×Analyst_1		−0.003***
		(−3.22)
Size	0.090***	0.090***
	(24.57)	(24.64)
Tanratio	0.043*	0.041*
	(1.85)	(1.76)
Free	−0.072***	−0.072***
	(−4.23)	(−4.25)
Lev	0.038*	0.043**
	(1.96)	(2.21)
ROA	0.012	0.013
	(1.49)	(1.59)
Growth	−0.040***	−0.040***
	(−5.77)	(−5.78)
Audit	0.067***	0.071***
	(3.48)	(3.72)

续表

变　量	被解释变量：Fconstraint	
	(1)	(2)
Lerndex	0.100***	0.103***
	(3.41)	(3.50)
M2agr	−1.753***	−1.793***
	(−8.21)	(−8.38)
常数项	1.635***	1.639***
	(18.87)	(18.89)
行业	控制	控制
年度	控制	控制
样本量	5 982	5 982
F	80.18	79.08
调整的 R^2	0.298	0.295

资料来源：笔者根据 Stata15 输出结果编制。

注：括号内为 t 值；***、**、* 分别表示在 0.01、0.05 和 0.1 的水平下显著。

表 4-15　滞后变量回归结果 2

变　量	被解释变量：Fconstraint	
	(1)	(2)
Lawsuit_dum_1	0.070***	
	(5.54)	
Lawsuit_count_1		0.006***
		(3.17)
Follow_1	−0.026***	−0.028***
	(−10.51)	(−11.92)
Lawsuit_dum_1×Follow_1	−0.017***	
	(−3.45)	
Lawsuit_count_1×Follow_1		−0.002***
		(−3.04)
Size	0.090***	0.090***
	(24.52)	(24.60)
Tanratio	0.041*	0.039*
	(1.76)	(1.68)
Free	−0.072***	−0.073***
	(−4.26)	(−4.28)

续表

变　量	被解释变量：Fconstraint	
	(1)	(2)
Lev	0.040**	0.045**
	(2.08)	(2.32)
ROA	0.012	0.013
	(1.46)	(1.57)
Growth	−0.041***	−0.041***
	(−5.82)	(−5.84)
Audit	0.066***	0.070***
	(3.45)	(3.68)
Lerndex	0.101***	0.104***
	(3.46)	(3.54)
M2agr	−1.774***	−1.817***
	(−8.31)	(−8.50)
常数项	1.637***	1.641***
	(18.89)	(18.90)
行业	控制	控制
年度	控制	控制
样本量	5 982	5 982
F	80.01	78.94
调整的 R^2	0.297	0.294

资料来源：笔者根据 Stata15 输出结果编制。

注：括号内为 t 值；***、**、* 分别表示在 0.01、0.05 和 0.1 的水平下显著。

4. 组间差异检验

模型(4-3)的回归结果虽然验证了假设 H4-2a 的成立，即在其他条件一定的情况下，分析师关注会缓解公司诉讼对融资约束的负面影响，但是可以发现，在现实生活中，分析师往往会对业务水平好、内控质量高、盈利能力强或者发展有前景的公司存在偏好，也就是说，公司之所以受到的诉讼对融资约束的负面影响小，有可能不是因为分析师关注带来的缓解作用，而是公司本身较好的特性使其对公司诉讼这种不确定性事件的风险抵御能力强，受诉讼的负面影响较小。那么，分析师关注较多的公司是否其本身财务风险就小，因而融资受诉讼的影响也小？分析师关注是否真的能缓解涉诉公司的融资约束程度？这值得我们继续挖掘。

为此，本章节借鉴刘星和陈西婵（2018）的做法，以行业年度均值为分组标准，将分析师关注滞后一期划分为“前期分析师关注较少”和“前期分析师关注较多”两组，即低于年度均值的为前期分析师关注较少组，相反高于年度均值的为前期分析师关注较多组。分组检验旨在对比分析两组公司在诉讼情况、财务情况以及公司经营特征等方面的差异。分析师关注的分组检验如表 4-16 所示。

表 4-16　分析师关注的分组检验

变量	前期分析师关注较少		前期分析师关注较多		组间差异检验
	N	均值	*N*	均值	
A 栏					
Lawsuit_dum	2 753	0.217	5 641	0.188	0.028 9***
Lawsuit_count	2 753	0.962	5 641	0.729	0.232 5***
Analyst	2 753	0.921	5 641	1.981	−1.059 2***
B 栏					
Lev	2 753	0.359	5 641	0.365	−0.005 50
Growth	2 753	0.226	5 641	0.224	0.001 60
Tobin'q	2 753	2.287	5 641	2.154	0.132 1***
Rops	2 753	0.109	5 641	0.075 6	0.033 1**
C 栏					
Size	2 753	21.65	5 641	21.95	−0.298 4***
Free	2 753	0.122	5 641	0.168	−0.045 6***
Offer	2 753	0.081 4	5 641	0.105	−0.023 6***
Audit	2 753	0.026 2	5 641	0.012 6	0.013 6***

资料来源：笔者根据 Stata15 输出结果编制。

注：括号内为 *t* 值；***、**、* 分别表示在 0.01、0.05 和 0.1 的水平下显著。

由表 4-16 的 A 栏可知，前期分析师关注较少和前期分析师关注较多的两组公司，它们的公司诉讼指标（Lawsuit_dum 和 Lawsuit_count）均值具有显著的差异，且前期分析师关注较少的公司的指标均值较高。这说明前期分析师关注较少的公司涉诉的情况较不理想，而前期分析师关注较多的公司涉诉问题较少，反映分析师确实发挥了一定程度的外部治理作用。分析师关注可以减少公司卷入案件的次数，降低公司的涉诉风险。并且，分析师关注(Analyst)的均值在两组中也有显著差异，前期分析师关注较多的组在当期的分析师关注度均值依然较高，这表明，前期分析师关注较多的公司在当期仍然保持较高的关注度，分析师对民营企业的关注具有一定的持续性，没有因诉讼案件出现反转。

由表4-16的B栏可知，前期分析师关注较多的公司，它们的资产负债率(Lev)和公司成长性(Growth)相较于前期分析师关注较少的公司没有显著差异，甚至托宾Q值(Tobin'q)和股市表现(Rops)的指标略差一点。因此，并没有迹象表明前期分析师关注较多的公司它们本身的财务风险就较小。

由表4-16的C栏可知，前期分析师关注较多的公司一般规模更大、筹资需求更高，并且存在更多的配股或增发行为即权益筹资能力较强，外部审计更偏向于标准无保留审计意见。这些信息综合说明，前期分析师关注较多的民营上市公司可能会有更多的信息传递到资本市场，这有利于降低信息成本，从而缓解公司涉诉造成的融资约束恶化。

4.6 本章小结

本章基于有效市场假说、资源依赖理论、委托代理理论、信息不对称理论和信号理论，通过对现有文献的梳理和分析，探索了公司诉讼与融资约束二者之间的关系，并将分析师关注也加入研究体系中。本章节选取2011—2018年深沪A股上市的民营企业为研究样本，研究公司诉讼对民营企业融资约束的影响，以及分析师关注在二者之中的调节作用。研究结果显示：

(1) 公司诉讼会给民营企业的融资带来负面影响，即公司诉讼会加剧企业面临的融资约束问题。在依法治国基本方略的引领下，我国法制建设取得显著成效。资本市场对传统社会秩序的扬弃使越来越多的企业开始使用法律武器维护自身的正当权益。当公司因某种原因涉诉后，这个公司涉诉的信号被传递到资本市场上会给企业带来负面影响：一方面，投资者和债权人为了降低诉讼案件的不确定性所带来的风险，会进行更多的信息收集和挖掘，这样将导致他们的信息成本增加；另一方面，外部投资者和债权人需要承担更多的风险，融资一般会提出索要更高的风险溢价，这两方面会使企业的融资成本上升、融资难度增加、融资约束加剧。

(2) 公司诉讼加剧民营企业的融资约束，而分析师可以在这对关系中起到调节作用，即分析师关注可以缓解公司诉讼给企业融资造成的负面作用。分析师作为信息中介，可以在信息收集、信息解读和信息发放三个环节发挥作用，借助其专业知识改善企业的外部信息环境、降低信息不对称程度、增强资本市场信心、提高公司的股票流动性并降低融资成本。并且，分析师还具有一定的外部治理作用，分析师的关注可以对管理层施加压力，对其行为进行监督。这可以缓解第一类代理冲突，增强公司的风险承担能力，降低外部投资者和债权人的风险溢价，进而缓解融资约束。

(3) 分析师关注的缓解作用主要通过降低信息不对称程度实现。分析师关注对信息披露质量较差的公司缓解作用明显，但对于本身信息披露质量较高的公司，由于其外部信息环境的改善空间有限，分析师关注的作用效果不显著。这说明分析师关注通过收集涉诉企业的信息并进行分析和发放，降低信息不对称程度，以发挥缓解公司诉讼带来的融资约束的作用。

(4) 分析师关注的缓解作用在由诉讼引发的代理冲突较小时更为明显。当公司诉讼引起的代理冲突较小时，分析师关注的信息效应可以缓解公司卷入诉讼案件这一“坏消息”对融资约束的影响；而代理冲突较大时，分析师关注对公司诉讼造成融资约束问题的缓解作用不明显。这说明当诉讼引发的代理冲突较小时，分析师可以正常发挥调节作用，但是当代理冲突较大时，公司的弊病较大、风险较高，分析师发布再多的信息也无法弥补资本市场对企业严重不足的信心，甚至可能是使资本市场失去信心的“加速器”。

此外，在进行倾向得分匹配法、替换变量、滞后变量及组间差异检验等稳健性检验测试后，结论仍然成立。

第5章 民营企业涉诉、融资约束和企业创新的实证设计与结果分析

5.1 引　言

在激烈的国际竞争中，创新是一个国家兴旺发达、长盛不衰的源动力。中国坚持把创新摆在发展的核心地位。2017年10月，习近平总书记在党的十九大报告中指出，创新是建设现代化经济体系的战略支撑。近些年来，中国从倡导“大众创业，万众创新”，到实施“创新驱动发展战略”，再到号召“创新创业创造”等一系列举措，体现出国家对企业创新的高度关切。目前，中国已取得不少瞩目的科技成就，如“神舟”载人航天与“嫦娥”奔月、“歼-20”首飞与“辽宁号”下水、国产大飞机C919问世与高铁技术走向世界以及量子科技全球领先等。

中国创新能力逐渐提高，科技水平日新月异，这固然值得全体国民为之自豪，但也应清楚地认识到，中国目前绝大多数重要的创新成果都出自科研机构和研究型大学，而作为市场经济主要参与者的企业，只有其中的少数大

型国企通过与科研机构合作实现了在创新领域的突出贡献，广大民营企业的建树不多，取得重要创新成果的更是凤毛麟角。创新活动的确离不开科研院所的刻苦钻研，但也需要广大企业尤其是民营企业的积极参与，将企业资源和精力聚焦于创新投资，从而将科技优势转化为经济优势，真正实现科技改变生活并实现走向科技强国之路的目标。同时，从微观层面来说，企业想要在激烈的市场竞争中获得长期稳定的生存和发展，就需要不断地进行技术创新以及产品和服务的更新换代，提高自身的核心竞争力才能够获取更大的市场份额和占有率，从而促进企业的不断进步和经济的稳健增长。作为引领社会和经济发展的第一动力，创新对经济现代化发展的作用主要表现为战略性支持。资本市场越发展，就越需要企业具备较高的技术水平和较强的创新能力。作为创新投资的主体，企业科技创新无论是对其自身还是对宏观经济发展都具有显著的积极意义。

企业创新是重要的长期投资项目，不仅能够帮助企业培育核心竞争力，还能为企业业绩的长期稳定增长提供保障。在当前竞争激烈的市场上，一家企业如果仅依靠自身的经营盈利积累难以满足其投资和发展的需求。企业要想获得更好的发展，形成或者维持自身的竞争优势，往往还需要通过外部融资渠道获得资金，对有前景、有价值的项目进行投资，从而取得发展先机。而如果企业无法及时地从外界获得融资，这种外部融资约束将导致企业的资金只能依赖自身的经营所得，这往往会导致企业投资受阻、发展迟缓。2014年3月，中国人民银行会同科技部、中国银监会、中国证监会、中国保监会和国家知识产权局，联合发布《中国人民银行 科技部 银监会 证监会 保监会 知识产权局关于大力推进体制机制创新 扎实做好科技金融服务的意见》，指出金融要为创新服务，形成金融发展与科技创新的融合关系。但目前中国大多数企业都面临着不同程度的融资难、融资贵问题，其中民营企业的融资约束更为严重。并且，本书第4章的研究结论显示，公司诉讼会给民营企业融资带来负面影响，加剧企业面临的融资约束。

那么，公司涉诉是否会导致企业削减非刚性的支出，即减少风险较大的研发支出，抑制企业创新活动？融资约束是否在其中起到中介作用？分析师关注和内部控制作为内外监督机制是否可以起到一定的积极作用？这些问题都有待挖掘。为研究这些问题，本章节选择2011—2018年深沪A股上市民营企业作为研究样本，通过分析融资约束对公司诉讼影响企业创新的中介作用，以及分析师关注和内部控制对抑制的环节作用，明确改善企业创新行为的具体路径。研究结果显示，公司诉讼会弱化甚至阻断创新活动对企业长期业绩的反馈效应，降低公司从事创新的激励。同时，公司遭遇诉讼案件后面临不确定风险，会出于控制总风险的目的削减非刚性的支出，即减少风险较大的研发支出，削减企业创新活动。并且，融资约束在公司诉讼抑制企业创新活动中起到中介效应。进一步研究表明，分析师关注和内部控制作为内外监督机制会通过提高披露质量降低企业的信息不对称程度和代理成本，以及对管理层决策监督来避免高管由于机会主义和短视行为造成的对企业创新活动支出的削减。本章节的研究可以为国家制定促进企业创新投资的相关政策提供借鉴和依据，从而扭转我国企业创新动力不足、创新绩效较差的现状。

5.2 研究假设

5.2.1 公司诉讼对企业创新的影响

近些年来，随着我国法制建设取得显著成效，对传统社会秩序的扬弃使法律在满足人们合理性与合法性方面的作用愈显重要，越来越多的企业开始使用法律武器维护自身的正当权益。现有数据和研究表明，我国公司诉讼案件数逐年递增，涉诉金额也越来越大，部分案件的涉案金额已超过涉诉企业上一个会计年度的净利润甚至是销售收入（毛新述和孟杰，2013）。公司诉讼会对企业的声誉和生产经营活动产生负面影响，公司诉讼风险已逐渐成为影响公司生存的重要因素。公司诉讼会弱化甚至阻断创新活动对企业长期业绩的反馈效应,降低其从事创新的激励(Manso,2011)。并且,公司诉讼会导致涉诉企业的外部不确定性增加,企业为了平衡总风险,通常会选择削减高风险投资项目的支出如研发投入作为应对之策。

具体而言,一方面,公司诉讼具有较高不确定性。公司诉讼虽然有法可依、有例可循,但是个案与个案之间的情况不尽相同,涉及的专业技术领域差异较大,审判的标准尺度并不一致。因此,判决的结果往往充满未知性,公司也难以根据以往的判例推断判决结果。另外,公司无法确定对方是否会雇用能力更强、经验更丰富的代理律师,律师的能力差异可能会使公司在诉讼的初始阶段就处于劣势。另一方面,企业创新是一项风险大、周期长的投资决策。当企业面临的诉讼风险增加时,出于控制总风险的意愿和动机,通常会减少风险较高的投资并多预留现金以备未来可能发生的和解费用以及法务成本。而且,公司遭遇诉讼案件后将会面临因官司结果不确定而产生的风险,出于控制总风险的目的,企业将会削减非刚性的支出,减少风险较大的研发支出。在企业经营的过程中,管理者会始终评估企业的风险状况,从而使企业的总风险处于适度、可控的状态。由于企业创新活动本身是一项长期的风险项目,公司诉讼所引发的外部冲击会导致企业财务行为趋于谨慎,因而削减高风险的研发投入,从而导致企业创新不足。因此,诉讼过程中不确定性的存在增加了企业的风险,出于控制风险的考虑,企业会削减风险较大的研发支出。综合以上观点,本节提出如下假设:

假设 H5-1:在其他条件一样的情况下,公司诉讼会抑制企业创新。

5.2.2 公司诉讼、融资约束与企业创新的中介效应研究

在"大众创业,万众创新"的良好环境下,企业可以通过研发提高核心竞争力,抢占市场份额。然而很多企业由于内部资金不足、外源融资成本较高等原因,造成研发投资的资金链断裂,使研发活动难以持续进行。企业面临融资约束的主要原因是,在弱式有效市场中,为了降低信息不对称,转嫁代理

成本,外部投资者会要求更高的风险溢价。因此,企业外源融资成本普遍高于内源融资成本,当企业内部资金有限,并且无法承担过高的外部融资成本时,企业往往会放弃一些风险高、收益不确定的投资项目,从而形成融资约束。相比其他类型的投资活动,创新活动的研发投资面临更为严峻的融资约束问题。其原因主要有以下几个方面:首先,研发投资活动具有成本高、收益不确定的特点。从成本的角度看,研发活动着眼于企业未来的产品和技术,可供借鉴的经验较少,研发项目的成本难以准确估计。其次,研发项目还存在高昂的调整费用,一方面企业准备进行研发活动时,要精心培训科研人员的素质和能力,研发进程会受到科研人员的影响,并对其产生一定的依赖性。如果这些人员辞职,前期的大量投入就会付诸东流,难以达到预期效果,甚至可能会泄露研发机密。另一方面,由于研发设备往往具有专用性、流动性和可转换能力差的特点,难以快速转移和变现。因此一旦研发活动失败,研发人员的培训费用和机器设备的资本支出就可能变为沉没成本,从而增大了投资风险。最后,从收益的角度看,研发活动往往周期较长,需要持续性的投入资源。未来市场波动使研发成果具有较大的不确定性,资金回收期较长。当企业融资约束问题严重时,会优先考虑舍弃此类高风险投资项目。

上市公司诉讼案件往往会造成巨大的赔偿金额,被诉公司在入不敷出的情况下可能会出现资金断流,从而影响企业的日常运营。基于被诉公司承受巨大的财务压力,商业合作伙伴会担心涉案公司无法保障产品质量或会延期付款,从而产生信任危机,影响企业间的往来业务,增加企业未来经营的不确定性和企业资产的流动性风险。由于企业涉及诉讼案件时,投资者和债权人会对涉诉企业保持敏感和警觉来降低自己的风险,从而直接导致融资约束加剧。因此,综上可猜想融资约束在公司诉讼对企业创新的负面影响中起到中介作用,即公司诉讼会通过加剧融资约束进而抑制企业创新活动。据此,本节提出如下假设:

假设 H5-2:公司诉讼会通过加剧融资约束进而抑制企业创新。

公司诉讼、融资约束与企业创新之间的关系如图 5-1 所示。

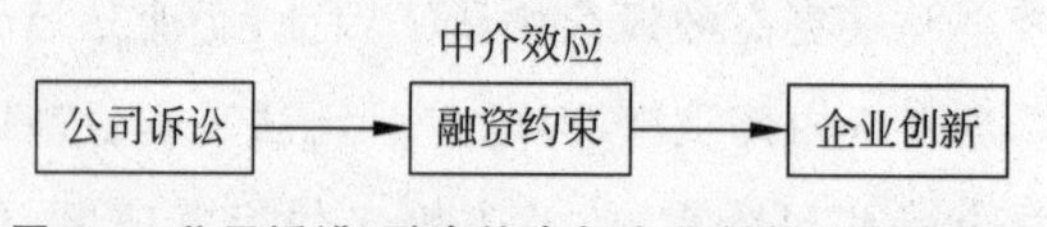

图 5-1　公司诉讼、融资约束与企业创新之间的关系

5.3　研究设计

1. 样本选择与数据来源

本章节将我国 2011—2018 年深沪 A 股上市的民营企业作为初始样本。因主要解释变量需要滞后一期，所以研究样本实际为 2012—2018 年的数据。样本数据均来自国泰安数据库。考虑到行业的特殊性，同时为了避免其他因素对本章节研究的干预，保证研究结果的稳健性，对数据进行如下处理：①设置行业虚拟变量，剔除金融类上市公司；②剔除股票被 ST、*ST 标记的公司；③剔除数据缺失的公司。最终得到 2 198 家上市公司共 8 394 个观测值。为排除极端值的影响，还对所有连续变量在 1%水平下进行 Winsorize 缩尾处理。本书实证分析所用的统计软件为 Stata15，数据整理所用的软件为 Excel。

2. 变量定义

被解释变量为企业创新投入(RD)。鲁桐和党印(2014)指出，外生因素对企业的创新产出影响较大，而企业的创新投入却更易受企业内部的影响，也能够更好地反映企业的相关投资决策。本章节参考李常青等(2018)的研究，企业创新投入的水平主要以当期研发投入总额占营业收入之比进行衡量。

融资约束(Fconstraint)为中介变量，其余变量设定同 4.3 节。本章节变量的含义、符号和衡量方式如表 5-1 所示。

表 5-1　变量的含义、符号和衡量方式

变量类型	变量含义	变量符号	变量的衡量方式
被解释变量	企业创新投入	RD	上市公司研发投入/营业收入
解释变量	当期是否发生公司诉讼	Lawsuit_dum	有重大诉讼仲裁案件则取1,否则取0
	公司一年内涉诉次数	Lawsuit_count	报告期内对应公告披露的涉诉事件总和
中介变量	融资约束	Fconstraint	SA指数
控制变量	公司规模	Size	上市公司年末总资产取对数
	有形资产比率	Tanratio	期末固定资产净额/期末总资产
	自有资金比率	Free	(经营现金净流量－投资现金净流量)/期初总资产
	资产负债率	Lev	期末总负债/期末总资产
	总资产收益率	ROA	期末营业收入/平均资产
	公司成长性	Growth	上市公司营业收入增长率
	审计意见	Audit	公司当年年审注册会计师出具非标准无保留意见取1,否则取0
	勒纳指数	Lerndex	(营业收入－营业成本－销售费用－管理费用)/营业收入
	货币政策	M2agr	货币和准货币M2指标的年增长率
	行业虚拟变量	Ind	按证监会行业代码分类
	年度虚拟变量	Year	年度

3. 模型设计

1) 公司诉讼对企业创新影响的检验模型

为了检验公司诉讼对企业创新的影响,建立实证模型(5-1):

$$\begin{aligned}\mathrm{RD}_{i,t} = {} & \beta_0 + \beta_1 \mathrm{Lawsuit}_{i,t} + \beta_2 \mathrm{Size}_{i,t} + \beta_3 \mathrm{Tanratio}_{i,t} + \beta_4 \mathrm{Free}_{i,t} + \beta_5 \mathrm{Lev}_{i,t} + \\ & \beta_6 \mathrm{ROA}_{i,t} + \beta_7 \mathrm{Growth}_{i,t} + \beta_8 \mathrm{Audit}_{i,t} + \beta_9 \mathrm{Lerndex}_{i,t} + \beta_{10} \mathrm{M2agr}_{i,t} + \\ & \sum \mathrm{Ind} + \sum \mathrm{Year} + \varepsilon_{i,t} \end{aligned} \tag{5-1}$$

其中,下角标 i 代表企业,t 代表年份。企业创新(RD)是被解释变量,用上市公司研发投入与营业收入的比值衡量。公司诉讼(Lawsuit)是解释变量,使用Lawsuit_dum和Lawsuit_count两个指标衡量。控制变量包括表5-1中列式的所有控制变量。

根据前文的假设推理，陷入诉讼官司会破坏被诉企业声誉，对企业的正常生产经营产生一系列负面影响。而企业创新本身是一类风险较大的投资，由于公司诉讼的发生导致被诉企业面临的外部不确定性骤然增加，企业出于控制总风险的目的，通常会选择削减研发投入作为因应之策。因此，公司诉讼会抑制企业创新。如果回归系数 β_1 显著为负，则说明公司诉讼案件会抑制企业的创新活动，表明假设 H5-1 成立。

相较于规模较小的公司，大公司拥有更扎实的人才技术储备和更殷实的经济条件，并且大公司为了维持其自身的市场竞争地位，也有较强的意向进行创新投入，因此本章节预测公司规模(Size)的系数为正。有形资产比率(Tanratio)大，说明企业固定资产占比大，公司资产流动性风险高，会规避高风险、高现金投入的创新活动，因此本章节预测有形资产比率(Tanratio)的系数为负。自有资金比率(Free)大，说明公司内部现金流较为充裕，对于创新这种较高资金投入需求的项目有充足的经济保障，因此，本章节预测自有资金比率(Free)的系数为正。资产负债率(Lev)衡量企业的财务风险，当企业面临的财务风险较高时会缩减高风险的创新投入，所以本章节预测该变量的系数为负。企业的总资产收益率(ROA)大表示公司的资产转换成收入的能力较强，即盈利能力强，经营盈利是企业资金回流的主要方式，经济基础决定了企业的创新能力，同时，企业为了其盈利能力可持续也会加强创新投入，因此本章节预测该变量的系数为正。公司营业收入增长快说明其市场前景广阔、成长性(Growth)好，更容易获得外部融资，从而加强创新投入，故其系数为正。当注册会计师出具“非标”意见，反映该企业存在一定的经营风险和财务风险，为了平衡总风险，企业很有可能放弃创新投入，因此预测审计意见(Audit)的系数为负。行业竞争是影响企业融资的重要因素之一，勒纳指数(Lerndex)越大，表示垄断势力越大，市场化程度越低，企业凭借垄断优势即可维持地位，对创新的需求较小，故预测其系数为负。货币和准货币 M2 指标主要衡量投资市场和资本市场的买卖活动，其增长率(M2agr)大，说明投资市场活跃，企业融资的外部环境较好，有助于企业募集资金进行创新研发，故本章节预测货币政策(M2agr)的系数为正。

2）公司诉讼、融资约束与企业创新的中介效应检验模型

为了验证融资约束在公司诉讼与企业创新之间的中介效应，本书借鉴温忠麟和叶宝娟提出的中介效应验证方法，在模型(4-1)和模型(5-1)的基础上，构建回归模型(5-2)对融资约束在公司诉讼与企业创新之间的中介效应进行验证，具体验证步骤如下：

$$\begin{aligned}\mathrm{RD}_{i,t} = {} & \alpha_0 + \alpha_1 \mathrm{Lawsuit}_{i,t} + \alpha_2 \mathrm{Size}_{i,t} + \alpha_3 \mathrm{Tanratio}_{i,t} + \alpha_4 \mathrm{Free}_{i,t} + \alpha_5 \mathrm{Lev}_{i,t} + \\ & \alpha_6 \mathrm{ROA}_{i,t} + \alpha_7 \mathrm{Growth}_{i,t} + \alpha_8 \mathrm{Audit}_{i,t} + \alpha_9 \mathrm{Lerndex}_{i,t} + \alpha_{10} \mathrm{M2agr}_{i,t} + \\ & \sum \mathrm{Ind} + \sum \mathrm{Year} + \varepsilon_{i,t}\end{aligned}$$

$$\begin{aligned}\mathrm{Fconstraint}_{i,t} = {} & \beta_0 + \beta_1 \mathrm{Lawsuit}_{i,t} + \beta_2 \mathrm{Size}_{i,t} + \beta_3 \mathrm{Tanratio}_{i,t} + \beta_4 \mathrm{Free}_{i,t} + \\ & \beta_5 \mathrm{Lev}_{i,t} + \beta_6 \mathrm{ROA}_{i,t} + \beta_7 \mathrm{Growth}_{i,t} + \beta_8 \mathrm{Audit}_{i,t} + \\ & \beta_9 \mathrm{Lerndex}_{i,t} + \beta_{10} \mathrm{M2agr}_{i,t} + \sum \mathrm{Ind} + \sum \mathrm{Year} + \varepsilon_{i,t}\end{aligned}$$

$$\begin{aligned}\mathrm{RD}_{i,t} = {} & \gamma_0 + \gamma_1 \mathrm{Lawsuit}_{i,t} + \gamma_2 \mathrm{Fconstraint}_{i,t} + \gamma_3 \mathrm{Size}_{i,t} + \gamma_4 \mathrm{Tanratio}_{i,t} + \\ & \gamma_5 \mathrm{Free}_{i,t} + \gamma_6 \mathrm{Lev}_{i,t} + \gamma_7 \mathrm{ROA}_{i,t} + \gamma_8 \mathrm{Growth}_{i,t} + \gamma_9 \mathrm{Audit}_{i,t} + \\ & \gamma_{10} \mathrm{Lerndex}_{i,t} + \gamma_{11} \mathrm{M2agr}_{i,t} + \sum \mathrm{Ind} + \sum \mathrm{Year} + \varepsilon_{i,t} \qquad (5\text{-}2)\end{aligned}$$

中介效应检验步骤如下所示：第一，检验公司诉讼与企业创新之间的关系，验证模型(5-2)的第一个式子中系数 α_1 的显著性；第二，检验公司诉讼对融资约束的影响，验证模型(5-2)的第二个式子中系数 β_1 的显著性；第三，检验融资约束在公司诉讼与企业创新之间的中介作用，验证模型(5-2)的第三个式子中系数 γ_1 的显著性。α_1 显著是中介效应开展的前提，β_1 与 γ_2 若都显著，γ_1 亦显著，说明融资约束在公司诉讼与企业创新之间存在部分中介效应；若 γ_1 不显著，则说明融资约束在公司诉讼与企业创新之间存在完全中介效应。

同理，公司规模(Size)、自有资金比率(Free)、总资产收益率(ROA)、公司成长性(Growth)和货币政策(M2agr)的系数为正，有形资产比率(Tanratio)、资产负债率(Lev)、审计意见(Audit)和勒纳指数(Lerndex)的系数为正。

5.4 实证检验

本部分根据前面确定的样本数据、变量指标以及模型对本书提出的假设进行实证检验和分析。首先，对样本各变量进行整体描述，分析变量基本特征；其次，对变量间的相关性进行检验，对主要变量之间的关系进行初步验证；然后，对前文提到的模型进行回归分析，验证假设是否成立；最后，通过稳健性检验进一步为探究结果提供支持。

1. 描述性统计

本章节各变量的描述性统计结果如表 5-2 所示。

表 5-2 各变量的描述性统计结果

变 量	样本量	均值	最小值	中位数	最大值	标准差
RD	8 394	0.033	0.000	0.110	0.159	0.032
Lawsuit_dum	8 394	0.197	0.000	0.000	1.000	0.398
Lawsuit_count	8 394	0.805	0.000	0.000	21.000	2.781
Fconstraint	8 394	3.374	2.895	3.317	4.096	0.255
Size	8 394	21.850	19.880	21.730	26.090	1.068
Tanratio	8 394	0.186	0.002	0.164	0.687	0.130
Free	8 394	0.153	−0.244	0.130	0.779	0.172
Lev	8 394	0.363	0.047	0.347	0.855	0.188
ROA	8 394	0.630	0.011	0.533	12.370	0.510
Growth	8 394	0.225	−0.464	0.149	2.428	0.403
Audit	8 394	0.017	0.000	0.000	1.000	0.129
Lerndex	8 394	0.128	−0.196	0.113	0.524	0.107
M2agr	8 394	0.109	0.082	0.110	0.144	0.022

资料来源：笔者根据 Stata15 输出结果编制。

从表 5-2 可以看出，总体样本中被解释变量企业创新投入(RD)的最小值为0,最大值为0.159,标准差为0.032,说明样本企业中我国上市民营企业研发投入与营业收入的最大比重为15.9%,最小比重为0,反映出样本企业对于创新的投入力度存在较大差别。同时,企业创新投入(RD)均值为0.033,说明样本企业对于创新研发的投入平均比例为3.3%。顾群等(2015)认为当一个企业的创新投入与营业收入的比值达到2%时,这个企业才刚满足生存标准;只有比例达到5%时,这个企业才具有一定竞争力。相比之下,目前样本企业的平均研发投入力度仅达到生存的"及格"标准,创新研发强度整体处于一个比较低的水平,企业对创新的重视程度有待提高。通过对控制变量的均值、标准差、最大值和最小值等进行观察,并未发现异常情况。

2. 相关性分析

本小节对本章使用的模型所涉及的所有变量进行了相关性分析,Pearson相关系数的检验结果见表5-3。公司诉讼指标(Lawsuit)与企业创新投入指标(RD)的相关系数均为负,且在0.01的水平下显著,初步表明二者存在显著的负相关关系,即当公司发生诉讼案件时,企业的创新活动会被抑制。控制变量与被解释变量基本都在至少1%的水平下存在相关关系。此外,主要变量的Pearson系数均在0.5以下,说明解释变量之间不存在严重的多重共线性。为了保证多元线性模型的可靠性,本书进一步利用方差膨胀因子(VIF)来检验模型的多重共线性,经检验得到各变量的VIF均值为1.19,远远小于VIF=10的临界值,这进一步说明,本书设定的模型不存在可能导致实证结果有偏的多重共线性。

3. 回归结果分析

本章节使用Stata15软件对模型进行实证研究,依次将公司诉讼对企业创新的影响和融资约束在公司诉讼与企业创新之间的中介效应这两个研究假设进行实证检验。

1) 公司诉讼对企业创新的影响

首先,对模型(5-1)进行回归处理,得到的公司诉讼对企业创新回归结果如表5-4的第(1)、(2)列所示。其中第(1)、(2)列分别列示了公司中是否发生

表 5-3　Pearson 相关系数的检验结果

变量	RD	Lawsuit-dum	Lawsuit-Count	Fconstraint	Size	Tanratio	Free	Lev	ROA	Growth	Audit	Lerndex	M2agr
RD	1												
Lawsuit-dum	−0.071***	1											
Lawsuit-count	−0.035***	0.584***	1										
Fconstraint	−0.230***	0.152***	0.109***	1									
Size	0.293***	0.129***	0.126***	0.475***	1								
Tanratio	−0.204***	−0.037***	−0.013	−0.005	−0.054***	1							
Free	0.002***	−0.048***	−0.039***	−0.082***	0.042***	0.128***	1						
Lev	−0.336***	0.149***	0.121***	0.339***	0.571***	−0.005	−0.084***	1					
ROA	0.351***	0.028***	0.036***	0.024**	0.071***	0.064***	0.052***	0.163***	1				
Growth	0.066***	0.008	0.007	0.021*	0.117***	−0.112***	0.184***	0.109***	0.137***	1			
Audit	−0.005	0.092***	0.104***	0.070***	0.013	−0.033***	−0.034***	0.078***	0.006	−0.005	1		
Lerndex	0.069***	−0.052***	−0.054***	−0.004	0.090***	−0.107***	0.231***	−0.150***	−0.202***	0.169***	−0.042***	1	
M2agr	0.002	−0.113***	−0.115***	−0.138***	−0.179***	0.055***	0.067***	−0.077***	−0.024**	−0.052***	−0.024**	−0.021*	1

资料来源：笔者根据 Stata15 输出结果编制。

注：***、**、* 分别表示在 0.01、0.05 和 0.1 的水平下显著。

重大诉讼仲裁案件(Lawsuit_dum)和诉讼案件涉案总件数(Lawsuit_count)对企业创新投入(RD)的影响。从表5-4可以看出,公司诉讼的两个指标与企业创新投入指标的回归系数均为负,且均在0.05的水平下显著,说明公司诉讼显著影响企业创新投入,公司涉诉会对创新活动产生消极影响。本章节假设H5-1得以验证,即在其他条件一样的情况下,公司诉讼会抑制企业创新。

表5-4 模型(5-1)回归结果

变量	被解释变量:RD	
	(1)	(2)
Lawsuit_dum	−0.032**	
	(−2.00)	
Lawsuit_count		−0.017**
		(−1.98)
Size	0.071***	0.073***
	(9.43)	(9.63)
Tanratio	−0.604***	−0.600***
	(−11.24)	(−11.16)
Free	0.252***	0.256***
	(6.51)	(6.62)
Lev	−0.571***	−0.577***
	(−12.74)	(−12.88)
ROA	0.409***	0.410***
	(29.29)	(27.86)
Growth	0.003***	0.002***
	(3.59)	(2.77)
Audit	−0.004*	−0.010*
	(−1.66)	(−1.81)
Lerndex	−0.635**	−0.628**
	(−2.41)	(−2.50)
M2agr	2.524*	2.414*
	(2.00)	(2.01)
常数项	3.575***	3.585***
	(19.71)	(19.75)
行业	控制	控制
年度	控制	控制

续表

变　量	被解释变量：RD	
	(1)	(2)
样本量	8 394	8 394
F 值	155.18	155.09
调整的 R^2	0.399	0.379

资料来源：笔者根据 Stata15 输出结果编制。

注：括号内为 t 值；***、**、* 分别表示在 0.01、0.05 和 0.1 的水平下显著。

此外，公司规模(Size)变量的回归系数在 0.01 的水平下显著为正，也就是说规模较大的企业，更有意向和力量进行创新投入，以求获得可持续发展能力和竞争优势。有形资产比率(Tanratio)的回归系数为负，并在 0.01 的水平下显著，说明固定资产占比大的企业，资产弹性小，流动性风险高，对高风险的创新活动投入少。自有资金比率(Free)的回归系数为正，且在 0.01 的水平下显著，说明自有资金比率高的企业，内部现金流充裕，有余力进行企业创新投入。资产负债率(Lev)的回归系数在 0.01 的水平下显著为负，表示当企业的杠杆水平较高、财务风险较大时，偿债压力会降低企业的现金流活力，抑制创新投入。总资产收益率(ROA)和公司成长性(Growth)的回归系数在 0.01 的显著性水平下为正，说明盈利能力越强、成长性越好的企业，创新投入越高。审计意见(Audit)的回归系数在 0.1 的水平下显著为负，说明当企业面临经营风险或舞弊等风险时，对同样具有风险的创新活动会降低投入以平衡风险。勒纳指数(Lerndex)的回归系数在 0.05 的显著性水平下为负，说明垄断程度越高，企业的创新投入越少，也即市场竞争越剧烈，企业的创新积极性越高。货币和准货币(M2agr)的回归系数也在 0.01 的水平下显著为正，说明货币政策对公司的企业创新产生了影响，M2 指标的年增长率越大，投资市场越活跃，企业融资条件越好，创新投入越高。

2) 融资约束在公司诉讼与企业创新之间的中介效应

表 5-5 报告融资约束在公司诉讼与企业创新之间的中介效应检验，其中结果显示，融资约束在公司诉讼与企业创新之间存在显著的部分中介效应，验证了民营企业中存在“公司诉讼—融资约束—企业创新”的传导路径。基

于前文分析，公司诉讼会加剧企业融资约束，进一步检验融资约束在公司诉讼与企业创新之间存在中介效应，显示公司诉讼会导致融资约束加剧进而抑制企业的创新活动。

表 5-5 模型(5-2)回归结果

被解释变量	RD	Fconstraint	RD	RD	Fconstraint	RD
变量	(1)	(2)	(3)	(4)	(5)	(6)
Lawsuit_dum	−0.032**	0.037***	−0.010*			
	(−2.00)	(6.31)	(−1.67)			
Lawsuit_count				−0.017**	0.002***	−0.008*
				(−1.98)	(2.72)	(1.79)
Fconstraint			−0.237***			−0.242***
			(−7.41)			(−7.59)
Size	0.071***	0.093***	0.054	0.073***	0.093***	0.045*
	(9.43)	(32.85)	(1.59)	(9.63)	(32.82)	(1.69)
Tanratio	−0.604***	0.102***	−0.577***	−0.600***	0.100***	−0.573***
	(−11.24)	(4.99)	(−10.75)	(−11.16)	(4.91)	(−10.67)
Free	0.252***	−0.114***	0.229***	0.256***	−0.115***	0.233***
	(6.51)	(−7.88)	(5.92)	(6.62)	(−7.92)	(6.01)
Lev	−0.571***	0.069***	−0.568***	−0.577***	0.074***	−0.573***
	(−12.74)	(4.21)	(−12.72)	(−12.88)	(4.50)	(−12.85)
ROA	0.409***	−0.020***	0.409***	0.410***	−0.019***	0.408***
	(29.29)	(−2.80)	(29.39)	(27.86)	(−2.75)	(29.39)
Growth	0.003***	−0.010*	0.004***	0.002***	−0.010*	0.004***
	(3.59)	(−1.66)	(4.41)	(2.77)	(−1.69)	(4.65)
Audit	−0.004*	0.100***	−0.017**	−0.010*	0.105***	−0.022**
	(−1.66)	(5.63)	(−2.32)	(−1.81)	(5.85)	(−2.40)
Lerndex	−0.635**	−0.033	−0.653*	−0.628**	−0.035	−0.646*
	(−2.41)	(−1.33)	(−1.79)	(−2.50)	(−1.42)	(−1.91)
M2agr	2.524*	−1.347***	2.871***	2.414*	−1.389***	2.775***
	(1.88)	(−7.76)	(6.22)	(1.73)	(−7.98)	(6.01)
常数项	3.575***	1.443***	3.806***	3.585***	1.449***	3.823***
	(19.71)	(21.19)	(20.75)	(19.75)	(21.24)	(20.83)
行业	控制	控制	控制	控制	控制	控制
年度	控制	控制	控制	控制	控制	控制
样本量	8 394	8 394	8 394	8 394	8 394	8 394
F 值	155.18	130.53	153.17	155.09	128.98	153.21
调整的 R^2	0.399	0.324	0.356	0.379	0.321	0.389

资料来源：笔者根据 Stata15 输出结果编制。

注：括号内为 t 值；***、**、* 分别表示在 0.01、0.05 和 0.1 的水平上显著。

5.5 进一步研究

5.5.1 公司诉讼、内部控制与企业创新的调节效应研究

公司诉讼在一定程度上反映了公司利益相关者对管理者或控制人的不信任以及他们之间的利益冲突,也反映了公司的内部治理缺陷。内部控制强调风险意识,它要求企业建立一套风险控制系统,对企业各项活动进行风险管理,而创新活动具有高风险的特点,因此一套行之有效的风险管理系统可以降低企业在创新过程中面临的风险。

首先,内部控制作为企业极为重要的一项内部治理机制,具有监督和风险管理作用,是一种重要的约束、制衡和激励管理层行为的制度安排,关系到企业资金利用和风险控制,影响外部投资者对企业技术创新活动的评估。其次,内部控制可以增强企业会计信息的可靠性与相关性,降低投资者与管理层以及大股东与中小股东之间信息的不对称程度(Doyle 等,2007; Altamuro 和 Beatty,2010; Cheng 等,2013),让外部投资者更加清楚企业真实的成长方向与盈利能力,有助于降低外部融资所需的风险溢价,从而实现外部融资额的增加以及融资成本的降低(程小可等,2013),缓解公司诉讼给企业带来的融资约束问题。最后,COSO 报告强调,内部控制应该与企业经营管理过程相结合,对企业决策的制定及执行进行监督,包括对企业资金的使用方向进行监督。内部控制的有效监督能够保证企业资金持续不断地投入创新活动中,减少资金非法挪作他用的可能性,为企业创造更大的价值。

此外,内部控制的风险评估系统能够应对一些由于环境不确定性导致的突发情况,有效地调动资源,进而增加企业冗余现金流。另外,任何形式的内部控制缺陷都会对企业整体的运营绩效产生不良后果,良好的内部控制能有效抑制管理层操控利润等有损企业长期价值的行为,缓解公司投资活动中的

代理问题（李万福等，2011），且高水平的内部控制有利于提升企业创新（王运陈等，2015），也会通过降低信息不对称程度和融资约束来减弱外部变动对创新活动的冲击。因此，内部控制能够在某种程度上缓解公司诉讼导致的创新活动资金投入不足的问题。

综上分析，在其他条件相同的情况下，内部控制能够缓解公司诉讼对企业创新的抑制作用。

为了检验内部控制是否会在公司诉讼对企业创新的负面影响中起到调节作用，本章节建立以下实证模型(5-3)：

$$\begin{aligned}RD_{i,t} = &\beta_0 + \beta_1 Lawsuit_{i,t} + \beta_2 IC_{i,t} + \beta_3 Lawsuit_{i,t} \times IC_{i,t} + \beta_4 Size_{i,t} + \\ &\beta_5 Tanratio_{i,t} + \beta_6 Free_{i,t} + \beta_7 Lev_{i,t} + \beta_8 ROA_{i,t} + \beta_9 Growth_{i,t} + \\ &\beta_{10} Audit_{i,t} + \beta_{11} Lerndex_{i,t} + \beta_{12} M2agr_{i,t} + \sum Ind + \sum Year + \varepsilon_{i,t}\end{aligned} \tag{5-3}$$

其中，下角标 i 代表企业；t 代表年份。企业创新投入(RD)是被解释变量，公司诉讼（Lawsuit）是解释变量。以模型（5-1）为基础在其中加入内部控制（IC）、公司诉讼与内部控制的交乘项（Lawsuit×IC），用以考察内部控制对公司诉讼与企业创新的调节作用。内部控制（IC）指标使用迪博内部控制与风险管理数据库的内部控制指数来衡量，并按“内部控制指数/100”进行标准化处理，该指标数值越大，表明企业内部控制质量越高。

如果公司诉讼（Lawsuit）的系数 β_1 为负，则说明公司诉讼案件会抑制企业的创新活动，同时公司诉讼与内部控制的交乘项（Lawsuit×IC）的系数 β_3 显著为正，说明内部控制能够缓解公司诉讼对企业创新的负向作用，上述假设成立。

内部控制的调节作用如表 5-6 所示。

表 5-6　内部控制的调节作用

变　量	被解释变量：RD	
	(1)	(2)
Lawsuit_dum	−0.0627*	
	(−1.69)	
Lawsuit_count		−0.0027**
		(−2.26)

续表

变　量	被解释变量：RD	
	(1)	(2)
IC	0.051**	0.090*
	(2.01)	(1.93)
Lawsuit_dum×IC	0.247*	
	(1.66)	
Lawsuit_count×IC		0.042*
		(1.70)
Size	0.072***	0.074***
	(7.56)	(7.71)
Tanratio	−0.605***	−0.599***
	(−11.16)	(−11.06)
Free	0.252***	0.254***
	(6.47)	(6.53)
Lev	−0.572***	−0.577***
	(−12.71)	(−12.84)
ROA	0.412**	0.413**
	(2.35)	(2.40)
Growth	0.002**	0.002**
	(2.11)	(2.04)
Audit	0.028	0.022
	(0.42)	(0.33)
Lerndex	−0.652*	−0.644*
	(−1.81)	(−1.81)
M2agr	−2.577*	−2.493
	(−1.77)	(−1.60)
常数项	3.277***	3.050***
	(6.21)	(6.24)
行业	控制	控制
年度	控制	控制
样本量	8 394	8 394
F 值	144.96	145.16
调整的 R^2	0.397	0.398

资料来源：笔者根据 Stata15 输出结果编制。

注：括号内为 t 值；***、**、* 分别表示在 0.01、0.05 和 0.1 的水平上显著。

由表5-6可以看出内部控制(IC)与企业创新投入(RD)呈正相关,并且在0.05和0.1的水平上显著,说明内部控制对企业创新具有一定的促进作用。与此同时,公司诉讼与内部控制交乘项(Lawsuit×IC)的系数在0.1的水平上显著为正,说明内部控制起到调节作用,能够缓和公司诉讼与企业创新之间的关系,即内部控制可以有效缓解公司诉讼对企业创新的负面影响。控制变量方面,与之前的回归结果基本保持一致,未出现明显异常。

5.5.2 公司诉讼、分析师关注与企业创新的调节效应研究

首先,分析师作为资本市场的重要组成部分,是缓解信息不对称与代理问题的重要外部治理机制(Gillansl等,2006),具有市场信息中介功能,既是公司信息使用者,又向外部投资者传递公司相关信息,通过降低信息不对称程度,有效缓解代理问题(Bushmanrm,2004)。分析师关注企业创新活动,并向市场提供经过缜密分析和深度挖掘后的有关企业创新活动的深层次信息,有利于使公司创新活动的未来价值获得资本市场中的投资者认可(徐欣和唐清泉,2010),进而弱化融资约束和代理问题对创新行为的负面影响。

其次,分析师处于较独立的位置,可以将所挖掘到的信息更加客观、无保留地传递给投资者、股东,避免股东对公司风险的高估,使其不止关注短期的经营业绩,减轻企业由于公司诉讼费用增加可能导致短期利润降低方面的顾虑(周泽将和王颖,2018),进而减少企业降低研发投入、缩小研发规模的行为。

同时,分析师作为外部治理机制,扮演了一个监督者的角色(陈钦源,2017),能发现高管损害公司利益的不当行为,挖掘出被隐瞒的信息,减少代理问题(谭雪,2016),减轻投资者的担心焦虑,从而也能加强其投资意愿,形成长期有效的投资研发循环。除此之外,投资者对分析师提供的信息真实度的认可度更高,其对企业的逆向选择行为就更少,这也在一定程度上改善企业所面临的融资约束状况(余明桂等,2017),为企业的研发活动争取更多的自由现金流,降低其因缺乏必要的资金支持而不得不放弃研发活动、减少研发投入情况发生的可能性。综合上述分析,本书认为分析师关注能使投资者

充分了解企业研发活动的内在价值，缓解由公司诉讼引发的融资约束问题，从而增强企业研发活动的能力及意愿。

综上所述，在其他条件相同的情况下，分析师关注能够缓解公司诉讼对企业创新的抑制作用。

本章节根据企业的分析师关注度进行分组，将低于中位数的企业归入分析师关注度低组，反之则归入分析师关注度高组，再代入模型(5-1)中分别进行回归检验。分析师关注的调节作用如表5-7所示。

表 5-7　分析师关注的调节作用

变　　量	被解释变量：RD			
	分析师关注度低(1)	分析师关注度低(2)	分析师关注度高(3)	分析师关注度高(4)
Lawsuit_dum	−0.021**		−0.019	
	(−2.13)		(−1.30)	
Lawsuit_count		−0.011**		−0.0015
		(−2.12)		(1.42)
Size	0.120***	0.120***	0.095***	0.100***
	(9.29)	(9.24)	(8.83)	(9.33)
Tanratio	−0.501***	−0.499***	−0.625***	−0.625***
	(−6.29)	(−6.26)	(−8.24)	(−8.26)
Free	0.350***	0.348***	0.030	0.040
	(5.59)	(5.56)	(0.57)	(0.77)
Lev	−0.617***	−0.623***	−0.409***	−0.424***
	(−9.67)	(−9.77)	(−6.14)	(−6.38)
ROA	0.460***	0.461***	0.404***	−0.402***
	(20.90)	(20.93)	(21.53)	(−21.51)
Growth	−0.012	−0.011	0.001	0.001
	(−0.45)	(−0.41)	(0.05)	(0.03)
Audit	0.026	0.026	0.064	0.045
	(0.36)	(0.36)	(0.68)	(0.47)
Lerndex	−0.949**	−0.951**	−0.606**	−0.608**
	(−2.01)	(−2.23)	(−2.21)	(−2.09)
M2agr	2.883*	2.829*	3.099*	−2.961*
	(1.70)	(1.65)	(1.74)	(1.88)

续表

变　量	被解释变量：RD			
	分析师关注度低(1)	分析师关注度低(2)	分析师关注度高(3)	分析师关注度高(4)
常数项	4.702***	4.674***	4.114***	4.216***
	(15.65)	(15.56)	(15.53)	(15.94)
行业	控制	控制	控制	控制
年度	控制	控制	控制	控制
样本量	4 197	4 197	4 197	4 197
F 值	77.904 5	77.793 0	88.222 9	89.376 4
调整的 R^2	0.413	0.416	0.409	0.412

资料来源：笔者根据 Stata15 输出结果编制。

注：括号内为 t 值；***、**、* 分别表示在 0.01、0.05 和 0.1 的水平上显著。

表 5-7 中的实证结果显示，在分析师关注度低的组中，公司诉讼的两个指标(Lawsuit_dum、Lawsuit_count)的系数为负，且在 5%的水平上显著；而在分析师关注度高的组中，系数虽也为负但不显著。这说明，相对于分析师关注度低的组别，较高的分析师关注度起到明显的外部治理效果。分析师关注可以在一定程度上通过改善企业所面临的融资约束状况，缓解公司诉讼对企业创新的负面影响，即分析师关注可以更好地缓解公司诉讼对企业创新的负面影响，提高企业的创新能力。

5.6　稳健性检验

为了验证模型的准确性、检验本章节研究结论的稳定性，对模型进行以下稳健性检验。

1. 滞后变量

考虑到公司诉讼这一不确定性事件对企业创新的影响会存在一定的时

间滞后效应以及公司诉讼与企业创新可能存在一定的内生性，我们将公司诉讼等变量滞后一期再代入主模型与中介模型中进行回归检验。滞后变量回归结果如表 5-8 所示，所得结论不变。

表 5-8　滞后变量回归结果

被解释变量	RD	Fconstraint	RD	RD	Fconstraint	RD
变量	(1)	(2)	(3)	(4)	(5)	(6)
Lawsuit_dum_1	−0.049**	0.038***	−0.043**			
	(−2.46)	(6.36)	(−2.15)			
Lawsuit_count_1				−0.004**	0.002***	−0.005*
				(1.36)	(2.67)	(1.49)
Fconstraint_1			−0.213***			−0.220***
			(−5.38)			(−5.54)
Size	0.068***	0.094***	0.051	0.073***	0.092***	0.047
	(8.61)	(30.28)	(1.50)	(7.93)	(31.38)	(1.52)
Tanratio	−0.659***	0.100***	−0.634***	−0.653***	0.098***	−0.628***
	(−10.34)	(4.92)	(−9.95)	(−10.24)	(4.83)	(−9.85)
Free	0.174***	−0.119***	0.157***	0.177***	−0.120***	0.160***
	(3.87)	(−8.17)	(3.51)	(3.94)	(−8.22)	(3.56)
Lev	−0.555***	0.076***	−0.542***	−0.565***	0.081***	−0.550***
	(−10.18)	(4.60)	(−9.95)	(−10.36)	(4.91)	(−10.12)
ROA	0.363***	−0.007	0.363***	0.363***	−0.007	0.363***
	(22.14)	(−1.37)	(22.19)	(22.13)	(−1.39)	(22.19)
Growth	−0.013	−0.014**	−0.018***	−0.014	−0.014**	−0.019
	(−0.64)	(−2.20)	(−0.90)	(−0.68)	(−2.20)	(−0.94)
Audit	−0.003*	0.098***	−0.017**	−0.010*	0.101***	−0.022**
	(−1.67)	(4.43)	(−2.20)	(−1.81)	(4.25)	(−2.20)
Lerndex	−0.223***	−0.012	−0.232***	−0.215**	−0.015	−0.224***
	(−2.66)	(−0.49)	(−2.77)	(−2.56)	(−0.60)	(−2.68)
M2agr	2.499*	−1.258***	2.379***	2.410*	−1.207***	2.413***
	(1.88)	(−7.76)	(6.22)	(2.01)	(−7.98)	(6.01)
常数项	3.445***	1.548***	3.684***	3.445***	1.554***	3.716***
	(15.64)	(22.76)	(16.40)	(15.64)	(22.80)	(16.51)
行业	控制	控制	控制	控制	控制	控制
年度	控制	控制	控制	控制	控制	控制
样本量	8 394	8 394	8 394	8 394	8 394	8 394
F 值	112.06	125.18	109.96	111.83	123.62	109.83
调整的 R^2	0.393	0.318	0.397	0.393	0.316	0.397

资料来源：笔者根据 Stata15 输出结果编制。

注：括号内为 t 值；***、**、* 分别表示在 0.01、0.05 和 0.1 的水平上显著。

2. 加入控制变量

由于管理层与股东之间存在代理问题，企业管理层普遍存在短视行为。短视的管理层会避免选择高风险且回报滞后的创新项目以保证短期业绩，从而导致企业创新活动的减少（郝项超等，2018）。而面临诉讼风险的企业往往本身代理问题较为严重，管理层短视行为可能更为突出，即本书中的企业创新行为受到抑制可能并非公司诉讼本身带来的投资者外逃，而可能是管理层本身的自利选择。因此为控制管理层短视的影响及样本选择偏差，本书在模型(5-2)中加入代理成本 AgC（用管理费用率衡量）及管理层持股比例（Own）变量来控制管理层短视效应。控制变量的稳健性回归结果如表 5-9 所示。

表 5-9　控制变量的稳健性回归结果

被解释变量	RD	Fconstraint	RD	RD	Fconstraint	RD
变量	(1)	(2)	(3)	(4)	(5)	(6)
Lawsuit_dum	−0.029*	0.027***	−0.024*			
	(−1.81)	(4.90)	(−1.65)			
Lawsuit_count				−0.005***	0.001***	−0.005**
				(−2.00)	(3.97)	(−2.19)
Fconstraint			−0.192***			−0.198***
			(−5.48)			(−5.64)
Size	0.074***	0.080***	0.057	0.076***	0.081***	0.052
	(4.34)	(4.21)	(1.11)	(4.35)	(4.17)	(1.08)
Tanratio	−0.551***	0.030	−0.564***	−0.546***	0.030	−0.535***
	(−10.58)	(1.57)	(−12.09)	(−10.54)	(1.52)	(−11.98)
Free	0.255***	−0.117***	0.230***	0.254***	−0.117***	0.225***
	(5.97)	(−7.33)	(6.28)	(5.97)	(−7.25)	(6.19)
Lev	−0.570***	0.071***	−0.594***	−0.572***	0.069***	−0.575***
	(−12.34)	(3.22)	(−13.19)	(−12.54)	(3.15)	(−13.88)
ROA	0.409***	−0.018***	0.415***	0.410***	−0.019***	0.492***
	(23.23)	(−2.80)	(25.64)	(22.68)	(−2.57)	(25.36)
Growth	0.002***	−0.010*	0.004***	0.002***	−0.011*	0.005***
	(2.99)	(−1.65)	(3.41)	(2.81)	(−1.68)	(3.65)
Audit	−0.004	0.108*	−0.025	−0.010*	0.105*	−0.028*
	(−1.58)	(1.89)	(−1.61)	(−1.67)	(1.92)	(−1.93)
Lerndex	−0.645*	−0.029	−0.648*	−0.625*	−0.030	−0.651*
	(−1.91)	(−1.33)	(−1.95)	(−1.89)	(−1.42)	(−1.92)
M2agr	2.524*	−1.347*	2.871***	2.414*	−1.389***	2.775***
	(1.88)	(−7.76)	(6.22)	(1.73)	(−7.98)	(6.01)

续表

被解释变量	RD	Fconstraint	RD	RD	Fconstraint	RD
变量	(1)	(2)	(3)	(4)	(5)	(6)
Own	0.148*	−0.370*	0.091*	0.149*	−0.371*	0.090*
	(1.71)	(−1.69)	(1.88)	(1.71)	(−1.70)	(1.87)
AgC	0.002*	−0.001	0.005*	0.003*	−0.001	0.005*
	(1.70)	(0.98)	(1.75)	(1.69)	(0.98)	(1.82)
常数项	3.336***	2.054***	3.624***	3.346***	2.061***	3.644***
	(17.52)	(31.31)	(18.38)	(17.57)	(31.37)	(18.47)
行业	控制	控制	控制	控制	控制	控制
年度	控制	控制	控制	控制	控制	控制
样本量	8 394	8 394	8 394	8 394	8 394	8 394
F 值	144.10	165.28	141.32	144.14	164.18	141.44
调整的 R^2	0.398	0.408	0.400	0.398	0.407	0.400

资料来源：笔者根据 Stata15 输出结果编制。

注：括号内为 t 值；*** 、** 、* 分别表示在 0.01、0.05 和 0.1 的水平上显著。

从表 5-9 可以看出，公司中是否发生重大诉讼仲裁案件(Lawsuit_dum)和诉讼案件涉案总件数(Lawsuit_count)的系数均显著为负，说明公司诉讼显著影响企业的创新投入，公司遭遇诉讼对企业的创新活动产生消极影响。进一步证明验证了本书提出的假设 H5-1，即公司诉讼对公司的创新活动具有负向作用，也就是说公司诉讼会抑制企业创新活动。同时也报告了融资约束在公司诉讼与企业创新之间的中介效应的稳健性检验，其中结果显示，融资约束在公司诉讼与企业创新之间存在显著的部分中介效应，验证了民营企业中存在“公司诉讼—融资约束—企业创新”的传导路径。进一步证明验证了本书提出的假设 H5-2，即显示公司诉讼会导致融资约束加剧，进而抑制企业的创新活动。

5.7 本章小结

本章节基于有效市场假说、资源依赖理论、委托代理理论、信息不对称理论和信号理论，通过对现有文献的梳理和分析，探索了公司诉讼、融资约束与企业创新三者之间的关系，并将内部控制与分析师关注加入研究体系中。本章节选取2011—2018年深沪A股上市的民营企业为研究样本，研究结果显示：

(1) 近年来，随着我国法制建设的不断完善，公司诉讼风险正逐渐成为影响企业生存发展的重要外部因素之一。本书以公司诉讼风险为研究切入点，着重分析了在企业发生诉讼案件时被诉企业创新活动的表现。公司诉讼不仅对企业的声誉有破坏作用，也会对企业的正常生产经营造成负面影响。企业创新本身就是一项风险大、周期长的投资决策。公司诉讼的发生会弱化甚至阻断创新活动对企业长期业绩的反馈效应，降低公司从事创新的激励。同时，公司遭遇诉讼案件后将会面临因官司结果不确定而产生的风险，出于控制总风险的目的，企业将会削减非刚性的支出，即减少风险较大的研发支出，削减企业创新活动。

(2) 融资约束在公司诉讼抑制企业创新活动中起到中介效应。在弱式有效市场中，为了降低信息不对称，转嫁代理成本，外部投资者会要求更高的风险溢价，因此企业外源融资成本普遍高于内源融资成本。当企业内部资金有限，并且无法承担过高的外部融资成本时，企业往往会放弃一些风险高、收益不确定的投资项目，从而形成融资约束。相比其他类型的投资活动，创新活动具有成本高、收益不确定的特点，同时还存在有关科研人员的培训费用与专用性研发设备的高昂调整费用，且一旦研发活动失败，科研人员的培训费用和专用性研发设备的前期支出就会成为沉没成本。从收益的角度看，研发活动的周期往往较长，且易受市场波动的影响，研发成果的经济效益具有极大的不确定性。因此，当企业缺乏资金时，其会优先考虑舍弃此类高风险投资项目。

(3) 分析师关注和内部控制作为内外监督机制会通过提高披露质量降低企业的信息不对称程度和代理成本，同时利用对企业管理层决策的监督，来避免高管由于机会主义和短视行为造成的对企业创新活动支出的削减。诉讼风险会抑制企业创新活动，但是内部控制制度的建立和完善，可以促进企业合法合规经营，降低企业的诉讼风险。企业良好的内部控制和较高的分析师关注度也可以降低外部不确定性对企业内部微观行为的影响，从而调节公司诉讼对企业创新的抑制作用。

第6章 研究结论与展望

本章将对第4章、第5章的研究内容进行归纳，并对所得的研究结论进行总结，同时基于研究结论从政府与监管机构、民营企业和分析师三个层面出发，提出有助于缓解民营企业融资约束、提高民营企业创新水平的具体对策与建议，最后对本书研究过程中存在的不足之处、可能的改进方法、潜在的研究方向进行说明，以期为后续的相关研究提供借鉴与思路。

6.1 研究结论

本书结合时代发展背景对研究问题进行锁定，通过对已有文献的梳理，首先将公司诉讼、融资约束与分析师关注纳入同一个研究体系，以信息不对称理论、委托代理理论等经典理论为基础，对三者之间的关系进行推演与分析；其次将公司诉讼、融资约束与企业创新放在同一个研究情境中，基于信息不对称理论、资源依赖理论等对三者的关系进行推理，并利用2011—2018年上市民营企业的相关数据作为样本，对所提出的假说进行实证检验。研究发现：

(1) 公司卷入诉讼仲裁案件后，会加剧其所面临的融资约束问题。随着我国市场化改革的逐步深入和依法治国方略的稳步实施，我国资本市场的法治化日益提高，无论是上市公司还是市场投资者，其利用司法干预机制作为维护自身合法利益手段的情况日益频繁。根据《公开发行证券的公司信息披露内容与格式准则》[①]、股票上市规则[②]、《企业会计准则第13号——或有事项》[③]等信息披露制度的要求，公司在发生诉讼仲裁案件后会通过临时公告、半年报和年报对基本事项和重大进展进行相关信息的披露，但由于涉诉公司与投资者和债权人之间信息不对等，容易促成逆向选择问题，投资者和债权人为降低违约风险，维护自己的权益，很有可能提高企业融资成本，从而加剧企业的融资难题。此外，作为解决纠纷的次优化方式，公司诉讼的发生往往意味着涉诉企业与其利益相关者已产生较大的冲突，一方面，这从侧面反映公司的委托代理问题较为严重，存在潜在的道德风险；另一方面，诉讼事件一经证券媒体、财经媒体等的报道，便会向市场进一步传递出消极信号，从而带来公司股价波动、价值下降、声誉受损等一系列问题，此时投资者和债权人出于风险规避便会提高要求的报酬率，给公司的融资活动带来打击，使企业的融资约束问题越发严重。

(2) 分析师在公司诉讼和融资约束间具有调节效应，可以缓解公司诉讼对融资约束的负面影响。分析师作为资本市场的信息桥梁，扮演信息的收集者、解读者与传递者三重身份。分析师除了可以利用证券经营机构等专业渠道进行信息收集、通过对企业的实地考察获取一手资料，还可以利用自身储备的专业知识和经验累积的职业判断对包括诉讼仲裁在内的各种信息进行甄别、解读与分析；最后以研究报告等形式将企业信息传递给市场，供广大投

① 截止到本书定稿，关于《公开发行证券的公司信息披露内容与格式准则》的最新修订公告为中国证券监督管理委员会于2022年1月5日发布的【第10号公告】《公开发行证券的公司信息披露内容与格式准则第26号——上市公司重大资产重组(2022年修订)》。

② 此处的股票上市规则指《上海证券交易所股票上市规则(2022年1月修订)》与《深圳证券交易所股票上市规则(2022年修订)》。

③ 《企业会计准则第13号——或有事项(2006)》。

资者和债权人进行参考与决策，从而大大增加民营企业相关信息的全面性、可理解性与及时性，在提高信息质量的同时，缓解了民营企业与市场之间的信息不对称问题。此外，分析师还具有一定的外部治理作用，其对于企业信息的解读可以揭露企业管理层的真实意图，对管理层的机会主义行为和自利的短视主义行为形成监督，从而提高民营企业对于诉讼仲裁事件的披露质量，降低投资者和债权人面临的不确定性与潜在风险，缓解公司诉讼给民营企业融资活动带来的负面影响。

(3) 公司诉讼的发生，会抑制企业的创新活动。从沪深两市披露的诉讼仲裁情况来看，我国上市公司涉诉案件数量和涉诉金额逐年上升，2017 年上市公司涉诉案件已达 590 起，涉诉金额高达 7 664 亿元，诉讼事件给公司带来的影响已不容小觑，企业也越来越注重防范诉讼风险所带来的不确定性。当企业面临的诉讼风险增加时，企业出于控制总风险的意愿和动机，通常会减少投资并预留现金以支付未来可能发生的法务成本与诉讼赔偿。其中，由于企业创新活动本身是一类周期长、风险大的投资项目，公司诉讼引发的外部冲击会导致企业的财务行为趋于谨慎，削减非刚性的支出，降低高风险的研发投入，继而给企业的创新活动带来消极影响。

(4) 公司诉讼在抑制企业创新的过程中，存在"公司诉讼—融资约束—企业创新"的传导路径，即融资约束在公司诉讼抑制企业创新活动中起到中介作用。只要企业涉诉，就有败诉的可能，而败诉引发的赔偿金额势必会对企业现有的资金状况带来或大或小的影响，甚至可能导致企业现金流断裂，进而影响企业的正常经营。诉讼的发生会显著增加公司的外部融资成本，进一步加剧涉诉企业所面临的资金周转困境。当内部自有资金有限、外部融资渠道受限时，迫于资金压力，企业往往会优先削减对于高风险项目的投资，而企业创新项目恰恰具有收益稳定性差、潜在风险较高的特性，受融资约束的影响更为显著。因此，融资约束会在公司诉讼抑制企业创新的过程中具有中介效应。

(5) 内部控制作为企业重要的内部治理机制，能够缓解公司诉讼对企业创新的抑制作用。公司诉讼的发生除了反映出利益相关者与公司之间的信任危机,也反映出企业的内部治理缺陷。内部控制作为企业一项重要的制度安排,能够通过精心设计的风险管控手段预防企业的经营风险,提高公司治理水平,对公司面临的融资约束及进行的创新活动产生影响。首先,内部控制的基本目标是促进企业合法合规经营,内部控制的实施有利于强化法律和监管制度的实施,从而降低公司的诉讼风险。其次,内部控制可以通过增强企业所披露信息的质量,降低投资者和债权人面临的信息不对称程度,使市场对企业的真实成长能力与发展前景更加了解,从而降低企业进行外部融资时需要偿付的风险溢价,缓解企业的融资问题。最后,良好的内部控制能够提高企业的经营管理水平和风险防范能力,促进企业可持续发展。一方面,作为监督机制,内部控制能够抑制投资活动中存在的代理问题,对企业资金的使用方向进行监督,以控制管理层的短视行为;另一方面,作为风险评估系统,内部控制能够识别、分析企业各项活动过程中的可能风险,制定风险应对策略,促进资源的有效配置,保障企业的现金冗余,从而减少企业创新活动所受的资金限制,保障创新活动的顺利进行。总体而言,在诉讼情境下,内部控制能够通过降低信息不对称程度和缓解企业面临的融资约束,提高企业的风险应对能力,从而在一定程度上缓解公司诉讼对企业创新造成的消极影响。

(6)分析师关注作为企业的重要外部治理机制,能够减少公司诉讼对企业创新的负向影响。首先,分析师在公司外部治理中承担监督者的角色,能够通过对隐藏信息的挖掘,发现管理层损害公司利益的不当行为,并对其行为形成威慑,从而减少企业内部的代理问题,增强资本市场投资者和债权人的信心,增强企业外部融资渠道的稳定性。其次,分析师因其独立性、客观性和专业性,其所提供的信息在市场上具有更高的认可度。在诉讼情境下,分析师所提供的信息有助于投资者和债权人对企业内在价值进行更加客观、全面的判断,减轻对于企业短期经营业绩潜在走低趋势的顾虑,在一定程度上降低企业融资约束进一步加剧的风险,进而减少企业缩小投资规模、削减研发投入的行为。最后,分析师对企业创新活动的关注,有助于其向市场输出经缜密分析和深度挖掘的与企业创新相关的信息,使资本市场中的投资者对于公司创新活动有更加精准、深入和全面的认识,提高对于创新项目未来价值的认可，进而弱化融资约束和代理问题对于创新行为的负面影响。综上，作为专业化的金融市场中介，分析师能够改善诉讼情境下企业所面临的融资难题，避免企业因短期经营问题而放弃净现值为正的长期风险项目，为企业的创新活动争取更多的自由现金流，增强企业研发活动的能力及意愿。

6.2 政策建议

创新是引领发展的第一动力。党的十九届五中全会明确提出，要“坚持创新在我国现代化建设全局中的核心地位，把科技自立自强作为国家发展的战略支撑”，要“深入实施科教兴国战略、人才强国战略、创新驱动发展战略，完善国家创新体系，加快建设科技强国”。这为在当前形势下实现依靠创新驱动的内涵型增长以及企业化危为机加快发展指明了方向。然而，企业创新活动的开展过程中面临诸多挑战，其中，企业面临的融资约束对企业创新意愿和创新能力的影响一直是学术界与实务界的重点关注领域。同时，随着我国法制环境的不断改善和民众法律意识的不断增强，公司诉讼逐渐成为“法与金融”议题下的焦点之一。诉讼情境会怎样影响民营企业面临的融资约束，又会对企业创新活动造成怎样的影响？本书研究结论显示，公司诉讼会加剧融资约束，进而抑制企业的创新活动，而分析师关注与企业的内部控制可以缓解这种消极影响。结合我国的发展现状，本书从政府与监管部门、企业和分析师三个层面提出建议，为完善我国资本市场建设、促进企业创新作出贡献。

6.2.1 政府层面

(1) 首先，各级政府应当响应党中央的号召，坚持创新在我国现代化建设全局中的核心地位，加快落实支持民营企业创新的相关政策，创设有利于企业创新发展的外部环境。2016年，中共中央、国务院印发《国家创新驱动发展战略纲要》，提出到2020年进入创新型国家行列、2030年跻身创新型国家前列、到2050年建成世界科技创新强国“三步走”目标，并对政府在建设国家创新体系中的作用进行了明确定位，即要“完善激励创新的政策体系、保护创新的法律制度，构建鼓励创新的社会环境，激发全社会创新活力”。此后，中央陆续发布了多份文件，对促进创新主体发展提出指导意见。其中，《关于推动民营企业创新发展的指导意见》①中指出，政府应当发挥引导作用，抓紧落实支持民营企业创新发展的各项政策，主要包括“深入推动高新技术企业和科技型中小企业认定、研发投入加计扣除及无形资产税前摊销、政府采购、科技金融等普惠性创新政策落地实施”以及创新券政策的推广，降低民营企业的创新成本。此外，习近平总书记多次强调企业在建设国家创新体系中的主体作用，指出“要发挥企业在技术创新中的主体作用，使企业成为创新要素集成、科技成果转化的生力军”②，足见中央对于企业创新活动的重视程度。

但在创新支持政策层层落地的过程中，地方政府出于对自身利益的追求却未必能够对企业创新活动起到切实的促进作用。一方面，由于我国的财政分权制度，中央政府和地方政府之间存在一定程度的信息不对称现象，不少地方官员出于政绩考核等原因，仍秉持“唯GDP论”的执政理念，将地方资源向最能明显促进经济增长的领域倾斜，而对于民生工程、生态环境、创新创业等相较于经济增长不易被直接观测到的方面则不太重视，展现出“重生产、轻创新”的整体偏好。另一方面，即使是在重视企业创新的地区，情况也不容乐观。为引导企业进行创新，地方政府通常会通过加快行政审批、提高财政补贴以及加大税收优惠等方式对企业创新活动提供支持，但在创新资源配置方面却呈现出“重数量，轻质量”的投资偏好。创新驱动发展战略的实施，使地

① 为深入贯彻党的十九大精神，实现创新驱动发展战略，落实科技部、全国工商联部际合作协议要求，加快推动民营企业创新发展，科技部会同全国工商联于2018年5月18日制定《关于推动民营企业创新发展的指导意见》。

② 2020年8月24日，习近平总书记主持召开经济社会领域专家座谈会发表重要讲话。

区创新水平在官员政绩考核中的权重逐渐上升,“任期短、压力大”促使“时间短、见效快”成为政府筛选创新项目的首要标准。政府的态度作为市场的风向标,会对投资者和企业的行为产生重要影响。一方面,在“唯 GDP 论”地区,地方官员的“创新轻视”行为会影响整个市场的投资偏好和企业的经营安排,严重抑制企业的创新活动。另一方面,在“创新崇拜”的地区,专利数量井喷式增长的喜人态势背后,隐藏的是创新水平低下、成果转化率低的“泡沫”以及企业为迎合政府喜好而进行策略性创新而非实质性创新的隐患,此外,个别企业存在“骗补”“寻租”行为也会给整个市场上企业的创新行为带来负面影响。对此,笔者建议:首先,中央应当引导地方各级领导干部树立正确的政绩观,强调创新、协调、绿色、开放、共享发展的高质量发展理念,并将新发展理念与官员政绩考核标准制定有机结合起来,刺激地方官员强化创新绩效的动机。其次,在考核指标体系制定方面,一要将地区创新水平作为关键性和引领性指标,确保指标可量化;二要注重创新质量和成果转化实效,避免官员为了“面子”丢了“里子”;三要考虑创新项目的长期性,谨防官员在选择创新项目时存在的机会主义。最后,对于各地创新水平的考核要“分级分类”,即根据党中央对于不同地区的发展要求,以及各地资源禀赋、经济结构、自我发展定位和发展阶段等方面的实际情况,在跟进中央战略部署的前提下进行差异化考核评价,避免能者“暗缩头”,不让弱者“强出头”。

摆正自身目标定位后,政府应当牵头为企业创设适宜进行创新活动的外部环境,并对大、中、小企业的创新发展进行分类指导。政府在面对民营企业主体时,应当至少做到以下几点:第一,鼓励各行业龙头民营企业组织成立产业技术创新联盟,支持联盟积极参与和承担国家科技重大专项、国家重点研发计划等国家科技计划体系下设项目,尝试突破共性技术难关,从行业层面带动企业创新发展。第二,坚持推进产学研深度融合,鼓励高校和科研院所向民营企业进行科技成果转化,支持科研人才服务于民营企业技术创新,引导三方建立稳定、有效的利益分配机制和风险控制机制,促进民营企业与高校、科研院所形成创新合力。第三,加速落实对企业创新活动的财政补贴和税收优惠等支持政策,并发挥金融市场的重要作用,发展完善科技金融,将企业科技创新与银行信贷、融资担保、创投基金等金融方式及其他金融制度、金融政策和金融服务进行深度结合，为民营企业营造良好的投融资环境。第四，注重知识产权保护，通过构建结构严密、门类齐全的中国知识产权法律体系，加强知识产权司法队伍的专业化培养力度，探索数字化、智能化时代高质量、高效率知识产权保护路径，确保创新企业能够独占创新成果带来的经济利益，从而激发企业的创新热情。

(2) 政府和监管部门应当继续完善资本市场建设，推进金融创新，多样化民营企业的融资渠道，切实解决民营企业"融资难、融资贵"问题。本书的研究结论显示，民营企业面临的融资约束是其进行创新的一大严重阻碍。在我国企业融资普遍受限的情境下，可以说，如果没有外部资金的支持而仅靠企业的自有资金，企业的创新活动将难以为继。随着我国市场化进程的不断深入，资本市场的建设也趋于健全，越来越多的企业将股权融资和债权融资作为重要的外部融资方式。资本市场是企业筹集资金的重要渠道，也是资源配置的有效场所，对于资金需求量巨大的创新型企业而言，资本市场所提供的资金支持对于企业创新至关重要。为激发企业的创新活力，一方面，我国应当在金融体系建设方面贯彻落实创新发展战略，促进资本市场改革和金融产品创新；另一方面，政府应当充分发挥其引导作用，通过为企业创新项目提供政府补助的方式，引导市场为企业创新活动提供资金支持。

在促进资本市场改革和金融产品创新方面，笔者建议：第一，政府和监管部门应当进一步推进股票发行注册制改革，积极鼓励更多符合条件的科创型民营企业上市融资。通过以信息披露为"一个核心"，将审核注册分为交易所审核和证监会注册"两个环节"，设立多元包容的发行上市条件、建立市场化的新股发行承销机制及构建公开透明可预期的审核制的"三项市场化安排"，注册制改革已探索形成了符合我国国情的、将选择权交予市场的基本架构，极大地提升了科创板和创业板的流动性，提振了科创型中小企业的上市积极性和信心。未来，我国应当进一步完善科创板和创业板注册制试点安排，理性分析改革过程中面临的挑战，在加强上市公司持续监管、完善相关制度安排的前提下，布局主板(中小板)、新三板注册制改革方案，促进科技与资本深度融合，激发企业这一创新创造生力军的活力，推动经济高质量发展。第二，应当完善市场化债券发行机制，促进债券品种创新，畅通民营企业融资渠道，引导市场设立民营企业债券融资支持工具。首先，应当结合民营企业的实际发展情况和合理诉求，促进创新创业债发展，推广纾困债、疫情防控债、双非可转债、可交换债等债券创新品种。其次，应当抓紧推动科技创新债券发展，鼓励符合条件的优质科创型民营企业在双创债框架下发行科技创新公司债券，从而降低企业融资成本，促进市场资金流入双创企业，支持核心领域科技创新项目的发展。最后，应当健全民营企业融资增信支持机制，鼓励各市场机构和政府部门为民营企业债券融资提供增信支持。第三，政府及监管机构应当引导银行尤其是商业银行发挥其向民营企业提供资金方面的优势，激发民营企业的创新活力。相比股权融资与发行债券，民营企业通过银行贷款的方式纾解资金压力有诸多好处。首先，企业可以在不向市场披露过多创新项目信息的前提下获取银行的资金支持；其次，银行贷款能够为企业提供较为稳定的现金流量，且频繁的业务往来有助于银企建立良好的关系，民营企业凭借银企互动中培养的信任，在一定程度上可以降低其融资难度；最后，银行所提供的产品和服务灵活性较大，多样化的金融服务有助于满足不同客户的需求。因此，政府和监管部门应当指导银行进行信贷产品创新和配套服务创新，如“一企一贷”金融服务方案、“首贷通”、“经营快贷”等信贷产品等，为民营企业提供个性化信贷方案，切实降低民营企业的融资成本和贷款申请难度。此外，政府和监管部门还应当引导银行培养对于新兴产业、新兴技术等的敏锐度，一方面可以在银行内部设置科技专研部门，对目标行业和重点赛道进行专项研究，根据行业特点和企业所处的生命周期，开创适合高新技术企业的产品与服务；另一方面，可以鼓励商业银行与知名私募股权投资机构、风险投资机构等进行合作，开展“跟投跟贷”“他投我贷”型投贷联动服务，从而进一步加大银行对于企业创新的支持力度。

除了鼓励金融体系发挥对于企业创新的支持作用，政府补助也是政府企业融资纾困、激励企业进行创新投入的重要手段。政府补助可以通过两方面的作用对民营企业的创新活动进行支持。一方面，政府补助具有资源效应，即可以向企业创新活动提供资金支持,直接舒缓企业面临的融资约束;另一方面,政府补助具有信号效应,对符合条件的科创型民营企业提供政府补助,可以向市场传递出积极信号,提高潜在投资者对企业的信心,从而为企业吸引更多的外部资金支持,间接缓解企业面临的融资压力。在我国企业融资普遍受限的情境下,政府补助于企业而言虽可能有"雪中送炭"之效,但面对创新研发等活动的巨大资金缺口,政府补助的直接资金输入多半是"杯水车薪"之功,经由信号效应为企业创新活动吸引的间接资金支持,方能从根源上解决企业面临的融资难题。因此,笔者建议:第一,各级政府应当积极发挥政府补助,尤其是专项创新补助、专项研发补助对企业创新的"认证效应",即享有获取补助资格的企业,是经过政府筛选的具有发展潜力的优质企业,通过向市场传递积极信号吸引外部投资,发挥政府补助的"杠杆作用"。第二,政府应当细化对候选企业的评价指标,注重创新项目的内在价值和发展潜力,关注申报企业的财务状况和融资环境,规范对于申报企业的评选流程,确保其"认证效应"的权威性、可靠性与有效性。第三,政府应当重视对已获取补助企业的后续监管,对补助资金的使用情况进行持续跟踪,对企业的创新项目绩效进行定期考核,并搭建政府补贴信息共享平台,谨防企业"多头申报"等"骗补"行为,政府部门重监督、重实效,才能提高其在投资者群体中的公信力,真正发挥为企业创新活动引流的指导价值。

(3) 政府和监管部门应当提高对于企业信息披露行为的监管力度,引导企业进行高质量的信息披露。通过结论部分我们可以知道,公司诉讼在抑制企业创新的过程中,存在"公司诉讼—融资约束—企业创新"的传导路径,即融资约束在公司诉讼抑制企业创新活动中起到中介作用,因此,要提高我国民营企业的创新水平,就要注重改善其融资环境。而改善民营企业的融资环境,不能仅依靠政策扶持和金融支持,更应当从企业融资约束的形成原因出发解决问题。从第3章的文献综述部分我们不难看出,企业和外界投资者之间存在信息不对称现象,是造成企业融资约束问题的重要诱因之一,而信息披露作为企业与外界进行沟通的重要渠道,应当引起政府和监管部门的高度重视。关于上市公司信息披露管理,从2007年的中国证券监督管理委员会令第40号到2021年的中国证券监督管理委员会令第182号，我国《上市公司信息披露管理办法》[①]已日趋完善，对上市公司的信息披露行为制定了明确的标准，这在一定程度上可以减少内幕信息数量，缩短虚假信息在市场上的隐匿时间，提高证券交易市场的安全性，从而降低企业和投资者之间的信息不透明程度。但正所谓“一分部署，九分落实”，虽然我国从法律、行政法规、部门规章、自律规则等层次出发对上市公司信息披露规则体系进行搭建，但监管部门在实地监管过程中，仍面临着极大的挑战。

对此，笔者建议如下：第一，应当进一步细化上市公司信息披露管理制度，深化上市公司信息披露管理改革。具体来说，交易所可以依据《上市公司信息披露管理办法》编制更加明确、具体，实务可操纵性更强的上市公司信息性披露指南，指导上市公司董事、监事、高级管理人员、董事长秘书、证券事务代表等相关人员对信息披露规则有更加深入透彻的理解，帮助企业进行高效的信息披露工作。此外，交易所也要注重加快信息化平台、数字化平台的打造，及时对政策变更进行解读和公告，并对信息披露评级较高的上市公司进行表彰，为其他上市公司信息披露实践提供参考，也为投资者的决策提供线索。第二，监管不能“大水漫灌”，而要“精准施策”，除了要继续贯彻从“辖区监管”向“行业监管”的转变，还应当对一些涉及“股价重大反应、市场重大传闻、业绩重大变化、诚信存在污点、监管持有怀疑”等可能存在违法违规信息披露行为的上市公司实施“分类监管”，并在监管实务中对于上市公司一些“形迹可疑”的公告，如存在配合股价炒作明显迹象的公告，进行重点核查和处理，从而提高监管效率和监管效果。第三，要进一步完善信息披露违规责任追究机制，提高上市公司信息披露违规、违法成本，秉雷霆势，打组合拳，方能对上市公司的违法违规行为形成有力震慑和有效遏制。需要注意的是，虽然本书的研究对象为上市民营企业，但因信息不对称现象而备受资金提供者“歧视”的，更多的是非上市民营企业。因此，笔者建议应当进一步探索统一

① 中国证券监督管理委员会令第40号《上市公司信息披露管理办法》于2007年1月30日开始实施，中国证券监督管理委员会令第182号《上市公司信息披露管理办法》于2021年5月1日开始实施。

非上市公司信息披露标准，推进和完善《非上市公众公司信息披露管理办法》[①]，提高非上市民营企业相关信息的可获得性，降低银行等信贷机构的信息成本，在一定程度上缓解企业所面临的融资约束。

企业披露的相关信息中，对其内部控制信息的披露是投资者对企业内部控制系统进行了解的重要窗口。为了加强企业内部控制，提高企业经营管理水平和风险防范能力，促进企业可持续发展，维护社会主义市场经济秩序和社会公众利益，2008年5月，财政部会同中国证监会、审计署、中国银监会、中国保监会联合发布了《企业内部控制基本规范》，2010年4月，《企业内部控制配套指引》隆重发布，包含《企业内部控制应用指引》《企业内部控制评价指引》《企业内部控制审计指引》三部分内容，连同2008年5月印发的规范和指引共同组成了我国的内部控制体系，这些规范与指引的出台在加强和规范我国企业内部控制建设的同时，也体现出我国企业内部控制体系建设的重要性与紧迫性。目前，我国对于上市公司内部控制信息强制性披露制度和相关的监管政策仍在不断探索和完善之中，企业在缺陷标准和缺陷披露方面具有较高的自由裁量权，这也就注定了我国上市公司在内部控制信息披露中存在着隐瞒不批、低质披露的机会主义行为。虽然当前我国上市公司的内部控制评价报告及内部控制审计报告对于内部控制缺陷描述与披露有所改善，但整体而言仍存在披露公司数量少、实质性内容披露不足、披露规范性较差等缺陷，这些缺陷严重影响内部控制披露质量以及投资者对于企业内部控制评价。因此，笔者认为我国应当加快企业内部控制评价标准统一和内部控制评价制度建设，加强对于企业的业务指导。具体来说，监管部门要加大内部控制信息披露违法违规行为的处罚力度，监督公司合理使用其自由裁量权，并重塑企业内部控制缺陷整改机制，建立整改清单以及内部控制缺陷整改后再次自我评价、披露制度，通过促进上市公司积极整改内部控制缺陷，切实提高其内部控制质量。

① 中国证券监督管理委员会令第162号《非上市公众公司信息披露管理办法》于2019年12月20日开始实施。

（4）政府和监管部门应当规范专业机构的运营，对专业机构与个人进行定期资格审查，并加大对违规专业机构和个人的处罚力度。需要说明的是，这里的专业机构和个人并不仅指证券分析师群体，还包括股票承销机构、会计师事务所、律师事务所、资产评估机构等中介机构。这些专业机构都是资本市场的重要参与者，能够对企业和市场行为产生极大影响。以会计师事务所为例，其承担对于企业财务状况、经营成果、现金流量、内控现状等各个方面的审计任务，会计师事务所和注册会计师的审计质量会直接影响企业财务报告信息披露质量，并最终对财务报告使用者的决策产生影响。然而，作为资本市场的“看门人”“守卫者”，会计师事务所审计失败案例却时有发生，合谋丑闻也屡见不鲜，这种利用自身专业能力和信息优势谋取利益的行为，反而加重了企业和投资者之间的信息不对称程度，东窗事发后，让企业陷入更大的困境。为了防止专业机构这一“裁判员”下场成为“运动员”，第一，政府和监管机构应当完善法律法规，加大对于专业机构与企业串通舞弊、提供虚假信息的打击力度。目前，我国对于专业机构人员的违规行为主要进行行政处罚，缺乏对相应民事责任和刑事责任的追究，对于机构和个人行政责任的追究也存在滞后性。因此，政府和监管机构应当提高监管效率，及时对违规机构和个人进行追责，并将处理结果进行行业公告。第二，政府和监管部门应当适当增加同业互查次数，通过同行监督与制衡抑制专业机构的违规违法行为的发生。此外，监管部门对于先前受过警告或处罚的专业机构应当进行定期复查，尤其要关注收到警告的专业机构和人员有无积极纠正其错误行为，受罚专业机构有无进行“换壳”重新执业，受罚后被取消执业资格的专业人员有无暗中供职等，加大对于专业机构和个人的监管力度。不过，解决问题宜“疏”不宜“堵”，政府和监管部门在加强对专业机构的资格审查和行为监督时，还应当注重政策规定和普及与职业道德的培养，由监管部门牵头定期对专业机构的合伙人、经理、骨干人员等进行培训，扭转行业内存在的不良风气。

6.2.2 企业层面

由政府和监管部门牵头积极改善企业的融资环境和外部创新条件后，企业的首要任务便是在遵守相关法律制度与行业规定的前提下，通过完善自身条件和保持内驱动力，对其现状进行改善。

(1) 企业本身应当加强内部控制建设，提高内部控制质量。我国《企业内部控制基本规范》指出：内部控制的目标是“合理保证企业经营管理合法合规、资产安全、财务报告及相关信息真实完整，提高经营效率和效果，促进企业实现发展战略”。由此可见，内部控制作为企业重要的管理活动之一，能够从三个方面对企业发展实现促进作用，即提高财务报告及相关信息的可靠性、保障资产安全性和完整性以及保证企业对法律法规的遵循，促进企业通过高效、优质的经营管理实现战略安排与可持续发展。通过第3章对已有文献的梳理及第5章的实证检验，我们不难得出，企业加强内部控制建设拥有以下几点好处：第一，合理保证企业经营合法合规是企业内部控制的第一要义，而合法合规正是企业从根源上降低诉讼风险的有效手段，诉讼风险的降低能够在一定程度上缓解企业面临的融资约束，并减少对于企业创新活动的抑制作用。第二，高质量的内部控制系统，有助于企业降低融资成本。事实上，如果一家企业存在内部控制缺陷，无论管理层是否选择在内部控制评价中进行披露，都会提高市场的风险感知，彼时企业的外部投资者便会通过提高溢价的方式对风险进行补偿。而高质量的内部控制，往往能够向外界传递更加可信、可靠的会计信息，不管外部监管是强是弱，货币政策是宽松还是紧缩，优质的内部控制系统都能让企业在“柠檬市场”上脱颖而出，赢得股东、债权人、银行等利益相关者的信任，从而舒缓企业面临的融资约束。第三，运行有效的内部控制系统能够提高企业的资源配置效率，在一定程度上有助于内部资金的累积，缓解融资困境中企业的资金压力，从而降低企业面临的潜在风险；此外，合理有效的资源配置还可以保障用于企业研发资金的正常拨付，从而促进创新活动的正常进行。可以说，内部控制系统的好坏在一定程度上可以决定一家企业的前途命运。但是,企业对于内部控制质量的追求应当来源于企业自身,而非受迫于外界压力。因此,企业应当高度重视内部控制体系的建设,将政府和监督机构的外部压力转化为促进企业良心发展的内生动力,一方面,通过企业文化的"软约束"作用,从上到下激发员工进行"主动控制"的积极性,培养企业从管理层到员工接受、维护、改善内部控制的意识;另一方面,则要基于《企业内部控制应用指引》的规定,切实考虑自身经营环境与业务模式,制定相应的内部控制管理制度形成"硬约束",不把内部控制当作"空架子",并在日后的经营中对所搭建的内部控制体系不断进行修改和完善,从而形成一种"软硬耦合"的控制监督模式,切实提高企业内部控制实效,提升企业的风险应对水平,降低企业面临的融资不确定性。

(2) 企业应当遵守信息披露的相关规定,提高信息披露质量,营造良好的外部信息环境。《上海证券交易所股票上市规则》《深圳证券交易所股票上市规则》《深圳证券交易所创业板股票上市规则》[①]已对上市公司重大诉讼、仲裁事项的披露作出了相关规定,且《深圳证券交易所股票上市规则》规定,对于未达到标准或没有具体涉案金额的诉讼、仲裁事项,董事会基于案件特殊性认为可能对公司股票及其衍生品种交易价格产生较大影响,或者深交所认为必要的,以及涉及公司股东大会、董事会决议被申请撤销或者宣告无效的诉讼的,公司也应当及时披露。企业按照信息披露制度,及时、全面完整地对涉诉事项进行披露,虽然不能完全消除诉讼风险造成的负面影响,但能够通过提高信息透明度丰富股权投资者和债权人的决策依据,帮助其进行更加细致的分析和判断,避免部分股权投资者和债权人因信息不充分而盲目进行风险规避,加剧企业所面临的融资约束。此外,社会责任信息披露也应当引起企业的关注。虽然我国目前并未建立起关于社会责任信息披露的统一范式,仍处于自愿性信息披露和环境信息强制性披露共存的阶段,市场上也缺乏对于企业社会责任进行评级的专业机构,导致社会责任报告在真实性、可靠性方面存疑,但不可否认的是,社会责任信息披露在一定程度上反映了企业的社

① 此处指《深圳证券交易所创业板股票上市规则(2020年修订)》。

会责任表现。对于外部利益相关者,尤其是对于股权投资者和债权人而言,企业的社会责任具有难以观测的特点,外部评级组织的缺乏也进一步促使社会责任报告成为外部利益相关者了解企业社会责任履行情况的重要信息渠道。目前,无论是学界的研究还是市场的实际情况都显示出利益相关者对于企业社会责任履行情况的关注,相对于未进行社会责任信息披露的企业,发布社会责任报告的企业更可能获得利益相关者的青睐。一方面,企业社会责任报告的披露有助于企业塑造良好的品牌形象,增加消费者忠诚度和客户黏性,在一定程度上能够提高企业创收的能力;另一方面,社会责任披露较好的企业更可能遵守商业伦理道德,也更贴合政府的政策倡导方向,因而更可能获得投资者的信任和政府的支持,其面临的融资约束也相对较小。因此,企业也应对其承担的社会责任进行完整、及时的披露,以期在构建良好外部信息环境的同时维系与利益相关者之间的良性关系,从而在与利益相关者产生摩擦和冲突时降低其采取诉讼仲裁等强制手段的可能,避免涉诉给企业造成的消极影响。

(3) 企业应当重视媒体语调和市场舆论导向,吸引媒体对于“好事件”的关注,避免其对于“坏事件”的追踪。本书的研究结论显示,分析师不仅能够缓解企业内外部信息不对称现象,还能够对公司和管理者的行为进行监督,在诉讼情境中,分析师关注能够通过舒缓企业的融资约束,减少企业涉诉给创新活动带来的负面影响。分析师作为外部信息环境中的信息中介之一,对企业的影响已不容小觑。作为覆盖范围最广、影响力最大的信息中介,媒体的行为更应引起企业的重视。一方面,媒体作为信息沟通的桥梁,不仅能够进行全方位、多渠道的信息收集,实现对有效信息的快速筛选和高效整合,将价值含量较高的信息传递给市场,降低信息摩擦,还能够通过专业、合法的手段获取隐秘的内幕信息,削弱信息优势方的力量,促进信息公平,从而有效保护投资者的利益。另一方面,相对于分析师的理性判断,媒体报道则更加主观,编者的观点导向和个人情绪更容易引起投资者的共鸣,其较强的煽动性也更易促使投资者作出有偏决策。因此,企业一方面更应遵守信息披露制度的要求,对于应予以披露的“坏消息”及时进行披露,以免日后引起媒体注意被动曝光，承受更加强烈的市场消极反应，加剧已面临的融资困境；另一方面应当借助媒体力量对其正面行为进行宣传报道，从而放大这些行为带来的积极影响，加强投资者的信心。以本书研究情境为例，企业应当对其涉诉事件及时予以披露，尽量避免媒体负面报道煽动投资者的消极情绪，并对其创新活动和创新成就进行宣传，获得政府好感和投资者关注，从而降低外部融资的难度。此外，企业也要注重危机公关工作，以期在面临消极报道和舆论攻击时，将负面影响降到最低。

6.2.3 分析师层面

(1) 分析师要注重自身专业能力的培养，利用新兴技术提高专业能力与工作效率。分析师进行分析的前提，首先是在浩繁的信息烟海中提取到能够进行价值分析的有效信息，这就要求分析师具有敏锐的信息嗅觉和高效的信息挖掘能力，不能仅依靠证券经营机构的信息平台和行业数据库作为信息来源，也不能仅依赖人工对信息进行筛选。Python、R 语言等能够显著提高分析师信息获取效率的专业技能，应逐步被提上分析师培养的日程。获取相关信息后，分析师便需要发挥其纯熟的专业能力和精准的职业判断，对收集到的信息进行解读，向市场传递更多可读性更高的文本信息，从而降低企业和市场间的信息不对称程度，发挥其外部治理效应。因此，分析师不仅要加强包括财务与会计、审计、宏观经济学等经典理论知识的学习，还要对前沿概念和新兴知识多多了解，并在实战中不断磨炼自己的专业技能。

(2) 分析师应当始终坚守职业道德，遵守法律规定与行业规范。分析师关注能在企业利益相关者的决策中起到作用的隐含假设是，分析师在向市场输出其观点时保有其自身的专业性、可靠性和独立性，能够坚守其职业道德，与被关注企业之间不存在利益勾结，不会与企业进行合谋，对投资者和债权人进行隐瞒与欺骗。为保证分析师自身公信力，维护分析师自身声誉，保障分析师职业生涯的可持续性，有效发挥分析师在企业与市场之间的信息桥梁作用，分析师应当洁身自好，始终恪守其职业道德要求。

6.3 本书的局限性和未来研究展望

本书在一定程度上论证了我国上市民营企业公司诉讼、融资约束与企业创新三者之间的关系，并在研究框架中引入分析师关注和内部控制的调节作用，依据所得结论对各主体提出了有针对性的建议，对改善民营企业融资现状提出对策，但本书的研究仍存在一定的不足与局限性，存在进一步的研究空间。

6.3.1 本书存在的局限性

本书存在的局限性主要有以下几个方面。

(1) 本书未对公司诉讼的类型进行区分研究。一般来说，公司诉讼可以大致分为股东对公司提起的诉讼、公司对股东或经营管理人员提起的诉讼、股东对股东的侵权或违约行为提起的诉讼、股东代表诉讼以及公司债权人提起的诉讼五大类，五大类下共设37小项，这些诉讼中有的涉及财产纠纷，有的集中在权力纠纷，由此可见公司诉讼案件的种类之多。不同类型的公司诉讼对于企业融资约束的影响也存在差异，本书并未对公司诉讼的类型进行区分，而是直接展开讨论，故研究得不够细致深入。在未来的研究中，可以对公司诉讼进行分类研究，区分不同类型公司诉讼案件造成的经济后果，从而为企业降低诉讼风险、降低涉诉对于自身的不利影响提供更加有力的理论支持。

(2) 本书研究分析师在公司诉讼和融资约束之间所起的调节作用时，并未深入探究分析师是否直接向投资者和债权人提供了有关公司诉讼情况的专业判断与深层信息，仅依据现有文献和一般逻辑进行推测，并对此进行实证检验，这是本书的不严谨之处。此外，本书在概念界定部分将分析师定义为证券分析师，这只是分析师的一类分支，根据研究方向的不同，分析师还包括投资分析师、注册特许分析师、金融分析师等；根据研究报告的使用对象不同，分析师还可分为买方分析师、卖方分析师以及独立分析师，未来可以对不同类型分析师对于企业行为的影响结果进行研究，丰富分析师关注领域的研究内容。

(3) 本书在对企业创新这一变量进行研究时，并未对企业创新类型进行进一步划分，仅采用“当期研发投入总额占营业收入之比”这一指标作为对企业创新的度量。一般来说，可将创新分为渐进式创新和激进式创新，模仿创新与自主创新，探索式创新与利用式创新等，本书希望未来能够对企业整体的创新策略以及从事的创新活动进行进一步划分，研究不同类型的企业创新形式对研究结果造成的影响。

(4) 本书在诉讼案件异质性对于企业创新的影响差异方面研究不足。企业在诉讼案件中胜诉的可能性有多大，预期的胜诉收益能否覆盖时间、人力、资金等诉讼成本，胜诉之后法院的裁决能否得到实际执行，对于败诉带来的一系列负面影响的承受能力如何，诉讼是否符合涉诉双方的长期利益等，都会受到公司诉讼案件种类和涉诉双方具体情况的影响，并会直接或间接导致企业的微观行为与管理决策差异，在一定程度上可能会造成研究所得结果并不可靠。因此，本书希望在未来针对公司诉讼对企业创新影响进行异质性研究，为不同诉讼情境下企业应采取的行为提供理论支持。

6.3.2 未来研究展望

未来研究展望主要有以下几个方面。

(1) 未来可以给予非上市民营企业更高的关注度。本书的研究对象为我国A股非金融民营上市公司，未将非上市公司纳入当中。虽然“融资难、融资贵”是我国民营企业面对的普遍困境，但相对于拥有更有力的信用背书和更多样的融资机会的上市民营企业来说，未上市的中小企业所面临的困境更值得关注。由于我国非上市公司信息披露管理制度尚未健全完善，有关非上市民营企业的相关数据获取难度较大,这在客观上导致本书的样本选择存在一定的局限性。不过,随着《非上市公众公司监督管理办法》[①]、《非上市公众公司信息披露管理办法》等的陆续推出与修订,笔者期待未来有关非上市民营企业的数据丰富完善之后,能够对非上市民营企业的融资现状与创新水平进行实证研究,从而提高所得结论的全面性和普适性。

(2) 在经济高速发展与商业环境复杂多变的情景下,包含探索式创新和利用式创新的双元创新也逐渐引起学界与实务界的广泛重视。"双元创新"意指企业通过从事探索式创新活动与利用式创新活动,整合内外部创新资源,注重内部组织的自我调整与适应,构建独特的创新能力,助益企业快速地适应动态环境,进而实现繁荣发展。由双元创新的定义可以看出,强大的资源整合能力对双元创新的达成至关重要,想要拥有这一能力,不仅要求企业能进行良好的"内部配给",即将已有资源在探索式创新活动和利用式创新活动之间进行精细合理的调配与融合,更要求企业能够积极进行"外部汲取",即能够充分利用已有方式、挖掘潜在渠道,从而保证企业拥有充足的外部资源供给。那么,采取双元创新策略的企业凭借其较高的灵活性和环境适应能力以及较强的资源整合能力,能否在本书的研究情境下拥有不同的表现结果?笔者希望在未来能够将双元创新纳入研究范畴,进一步丰富本书的研究内容。

(3) 在细化研究公司面临的具体诉讼情境时,集体诉讼形式不容忽视。我国资本市场的一个显著特征为以中小投资者为主,证监会副主席阎庆民在第四批全国证券期货投资者教育基地授牌活动上表示:"目前,我国资本市场个人投资者已突破1.9亿,持股市值在50万元以下的中小投资者占比达97%"[②]。中小投资者虽数量庞大,但由于其持股比例低、专业知识匮乏,资本市场上侵害中小投资者权益的事件层出不穷。为顺应市场呼声,新《证券法》

---

① 《非上市公众公司监督管理办法》于2012年9月28日中国证券监督管理委员会第17次主席办公会议审议通过,根据2013年12月26日《关于修改〈非上市公众公司监督管理办法〉的决定》和2019年12月20日中国证券监督管理委员会《关于修改〈非上市公众公司监督管理办法〉的决定》修订。

② 信息来源为人民网北京2021年9月23日报道。

直击中小投资者的维权痛点，确立了具有中国特色的证券集体诉讼制度。新《证券法》第九十五条规定，投资者保护机构受 50 名以上投资者委托，可以作为代表人参加诉讼，并为经证券登记结算机构确认的权利人向人民法院登记，按照“明示退出、默示加入”的原则依法为利益受损的投资者提起民事赔偿诉讼。如此一来，证券投资受害只需“坐以待赔”，维权之路终于“坎坷变坦途”。2021 年 11 月，中国版集体诉讼第一案某某药业证券虚假陈述责任纠纷案一审以中证中小投资者服务中心胜诉告终，某某药业相关被告承担 5.5 万名投资者损失金额 24.59 亿元，这一判决极大地提振了中小投资者的维权信心，也给广大企业敲响警钟。笔者期待更多中小投资者能够通过集体诉讼有效维护自身合法权益，为公司诉讼研究提供更丰富的研究情境，为我国集体诉讼制度的健全完善提供实践依据。

参考文献

[1] JULIO B,YOOK Y. Political uncertainty and corporate investment cycles[J]. Journal of finance,2012,67(1): 45-83.

[2] 曹春. 公共风险与政府社会保障责任[J]. 财政研究,2013(3): 13-17.

[3] 徐业坤,钱先航,李维安. 政治不确定性、政治关联与民营企业投资——来自市委书记更替的证据[J]. 管理世界,2013(5): 116-130.

[4] MANSO G. Motivating innovation [J]. The journal of finance, 2011, 66 (5): 1823-1860.

[5] 史宇鹏,顾全林. 知识产权保护、异质性企业与创新: 来自中国制造业的证据[J]. 金融研究,2013(8): 136-149.

[6] AKÇOMAK S, WEEL B T. Social capital, innovation and growth: evidence from Europe[J]. European economic review,2009,53(5): 544-567.

[7] CHAVA S, OETTL A, SUBRAMANIAN A, et al. Banking deregulation and innovation[J]. Journal of financial economics,2013,109(3): 759-774.

[8] HSU P H,XUAN T,YAN X. Financial development and innovation: cross-country evidence[J]. Journal of financial economics,2014,112(1): 116-135.

[9] NANDA R, NICHOLAS T. Did bank distress stifle innovation during the great depression? [J]. Social science electronic publishing,2014,114(2): 273-292.

[10] VALENCIA V S,BUDDLEMEYER H,COELLI M,et al. Corporate governance and innovation[J]. Journal of financial and quantitative analysis,2012,47(2): 397-413.

[11] 唐跃军,左晶晶. 所有权性质、大股东治理与公司创新[J]. 金融研究,2014(6): 177-192.

[12] 林炜. 企业创新激励: 来自中国劳动力成本上升的解释[J]. 管理世界,2013(10): 95-105.

[13] CHANG X, FU K K, LOW A, et al. Non-executive employee stock options and corporate innovation[J]. Journal of financial economics, 2015, 115(1): 168-188.

[14] 傅超, 吉利. 诉讼风险与公司慈善捐赠——基于"声誉保险"视角的解释[J]. 南开管理评论, 2017, 20(2): 108-121.

[15] 王鹏程, 李建标. 利益相关者治理能缓解企业融资约束吗[J]. 山西财经大学学报, 2014, 36(12): 96-106.

[16] 张俊瑞, 刘慧, 杨蓓. 分析师跟进、法律环境与企业诉讼风险[J]. 财经论丛, 2016(9): 72-80.

[17] HILL C, JONES G R. Strategic management: an integrated approach[M]. 10th ed. Stanford: Cengage Learning, 2012.

[18] CHACKO G K. Technology management: applications to corporate markets and military missions[M]. Westport: Praeger, 1988.

[19] GATTIKER U E. Technology management in organizations[M]. Newbury Park, CA: Sage Publications, 1991.

[20] KANTER R M. When a thousand flowers bloom: structural, collective, and social conditions for innovation in organization[J]. Research in organizational behavior, 1988(10): 169-211.

[21] DRUCKER P F. Innovation and entrepreneurship: practice and principles[J]. Social science electronic publishing, 1985, 4(1): 85-86.

[22] CHRISTENSEN C M. The innovator's dilemma: when new technologies cause great firms to fail[M]. Cambridge: Harvard Business School Press, 1997.

[23] ERNST D. Global production networks and the changing geography of innovation systems: implications for developing countries[J]. Journal of the economics of innovation and new technologies, 2001, 11(6): 497-523.

[24] GREGORY R P. The intelligent-design movement: science or ideology? [J]. Zygon, 2002, 37(1): 7-23.

[25] HAGEDOORN J, CLOODT M. Measuring innovative performance: is there an advantage in using multiple indicators? [J]. Research policy, 2003, 32(8): 1365-1379.

[26] 吴敬琏. 建立有效的公司治理结构[J]. 天津社会科学, 1996(1): 3.

[27] 张维迎. 所有制、治理结构及委托—代理关系——兼评崔之元和周其仁的一些观点[J]. 经济研究, 1996(9): 3-15, 53.

[28] 周小川. 银行不良资产与公司治理结构[J]. 中国工业经济, 1999(7): 14-17.

[29] 杨瑞龙, 周业安. 相机治理与国有企业监控[J]. 中国社会科学, 1998(3): 4-17.

[30] 陈汉文. 内部控制、风险管理与商业伦理[J]. 财务与会计, 2008(22): 1.

[31] 张颖, 郑洪涛. 我国企业内部控制有效性及其影响因素的调查与分析[J]. 审计研究, 2010(1): 75-81.

[32] PORTA R L, LOPEZ-DE-SILANES F, SHLEIFER A, et al. Law and finance[J]. Journal of political economy, 1998, 106(6): 1113-1155.

[33] KIM I, SKINNER D J. Measuring securities litigation risk[J]. Journal of accounting and economics, 2012, 53(1-2): 290-310.

[34] 张维迎，柯荣住. 诉讼过程中的逆向选择及其解释——以契约纠纷的基层法院判决书为例的经验研究[J]. 中国社会科学，2002(2)：31-43，205-206.

[35] 王彦超，林斌，辛清泉. 市场环境、民事诉讼与盈余管理[J]. 中国会计评论，2008(1)：21-40.

[36] 王彦超，游鸿，樊帅. 法律诉讼与资本市场：实证研究综述[J]. 中央财经大学学报，2017(10)：46-56.

[37] 张为国. 影响国际会计准则的关键因素之一：大国博弈[J]. 财会月刊，2021(2)：3-11.

[38] 王瑞华，张奇渊. 美国会计准则制定模式变迁对我国的启示[J]. 中央财经大学学报，2004(4)：76-79.

[39] DONELSON D C, MCINNIS J M, MERGENTHALER R D. Rules-based accounting standards and litigation[J]. The accounting review, 2012, 87(4): 1247-1279.

[40] CLEMENZ G, GUGLER K. Macroeconomic development and civil litigation[J]. European journal of law and economics, 2000, 9(3): 215-230.

[41] 陈卫东. 诉讼爆炸与法院应对[J]. 暨南学报(哲学社会科学版)，2019(3)：13-22.

[42] 王小鲁，樊纲，胡李鹏. 中国分省份市场化指数报告(2021)[M]. 北京：社会科学文献出版社，2021.

[43] 余劲松. 法律投资者利益保护的国际比较[J]. 浙江金融，2007(5)：27-28.

[44] LEV B. Information disclosure strategy[J]. California management review, 1992, 34(4): 9-32.

[45] SKINNER D J. Why firms voluntarily disclose bad news[J]. Journal of accounting research, 1994, 32(1): 38-60.

[46] SKINNER D J. Earnings disclosures and stockholder lawsuits[J]. Journal of accounting and economics, 1997, 23(3): 249-282.

[47] FIELD L, LOWRY M, SHU S. Does disclosure deter or trigger litigation? [J]. Journal of accounting and economics, 2005, 39(3): 487-507.

[48] FRANCIS J, PHILBRICK D, SCHIPPER K. Shareholder litigation and corporate disclosures[J]. Journal of accounting research, 1994, 32(2): 137-164.

[49] ROGERS J L, ZECHMAN S L C. Disclosure tone and shareholder litigation[J]. The accounting review, 2011, 86(6): 2155-2183.

[50] MOHAN S. Disclosure quality and its effect on litigation risk[R]. Working Paper, University of Texas at Austin, 2007.

[51] 张俊瑞，刘慧，李彬. 企业社会责任报告降低企业的诉讼风险了吗？[J]. 预测，2017，36(1)：34-40.

[52] JONES C L. The association of earnings management with current returns, current market values, future returns, executive compensation and the likelihood of being a target of 10b-5 litigation[D]. Stanford: Stanford University, 1998.

[53] LU Y Y. Earnings management and securities litigation[R]. Working Paper, 2003.

[54] DUCHARME L L, MALATESTA P H, SEFCIK S E. Earnings management, stock issues, and shareholder lawsuits[J]. Journal of financial economics, 2004, 71(1): 27-49.

[55] 钱爱民,郁智. 诉讼风险、产权性质与盈余管理[J]. 证券市场导报,2017(7): 16-24.

[56] 高敬忠,韩传模,王英允. 公司诉讼风险与管理层盈余预告披露方式选择——来自中国A股上市公司的经验证据[J]. 经济与管理研究,2011(5): 102-112.

[57] JOHNSON M F, KASZNIK R, NELSON K K. The impact of securities litigation reform on the disclosure of forward-looking information by high technology firms [J]. Journal of accounting research, 2001, 39(2): 297-327.

[58] 林斌,周美华,舒伟,等. 内部控制、公司诉讼和公司价值[J]. 中国会计评论,2013,11(4): 431-456.

[59] 刘慧,张俊瑞. 政府干预,内部控制与公司未决诉讼[J]. 管理评论,2018,30(10): 207-220.

[60] 胡国柳,秦帅. 抑制还是助长? 董事高管责任保险与企业诉讼风险[J]. 商业经济与管理,2016(11): 86-97.

[61] 王化成,李昕宇,孟庆斌. 公司战略、诉讼风险与市场反应[J]. 中国会计评论,2018,16(3): 311-350.

[62] 杨肃昌,马亚红. 对外直接投资、控制风险与上市公司审计费用[J]. 审计研究,2020(2): 76-86.

[63] 赵康生,周萍,刘玉博. 管理层持股、所有权性质与公司诉讼风险[J]. 软科学,2017,31(5): 60-65.

[64] 王文姣,夏常源,傅代国,等. 独立董事网络、信息双向传递与公司被诉风险[J]. 管理科学,2017,30(4): 63-82.

[65] 刘巍,何威风,陈战光. 法治发展、法律独董与诉讼风险[J]. 投资研究,2020(4): 4-22.

[66] PUKTHUANTHONG K, TURTLE H, WALKER T, et al. Litigation risk and institutional monitoring[J]. Journal of corporate finance, 2017, 45: 342-359.

[67] MAZUR M, SALGANIK-SHOSHAN G, WALKER T, et al. Proximity and litigation: evidence from the geographic location of institutional investors [J]. Journal of financial markets, 2018, 40: 60-74.

[68] CARCELLO J V, PALMROSE Z V. Auditor litigation and modified reporting on bankrupt clients[J]. Journal of accounting research, 1994, 32: 1-30.

[69] AUTORE D M, HUTTON I, PETERSON D R, et al. The effect of securities litigation on external financing[J]. Journal of corporate finance, 2014, 27: 231-250.

[70] TAN D. Making the news：heterogeneous media coverage and corporate litigation [J]. Strategic management journal，2016，37(7)：1341-1353.

[71] 毛新述，孟杰. 内部控制与诉讼风险[J]. 管理世界，2013(11)：155-165.

[72] GATEV E，STRAHAN P E. Liquidity risk and syndicate structure[J]. Journal of financial economics，2009，93(3)：490-504.

[73] 赵康生，周萍，蔺楠. 大股东持股与公司诉讼风险——基于中国上市公司的实证分析[J]. 外国经济与管理，2017(1)：84-95.

[74] 潘越，潘健平，戴亦一. 公司诉讼风险、司法地方保护主义与企业创新[J]. 经济研究，2015，50(3)：131-145.

[75] 张俊瑞，刘慧. 上市公司未决诉讼对高管薪酬业绩敏感性的影响[J]. 审计与经济研究，2016，31(2)：61-70.

[76] SIMUNIC D. The pricing of audit services：theory and evidence[J]. Journal of accounting research，1980，18：161-190.

[77] 冯延超，梁莱歆. 上市公司法律风险、审计收费及非标准审计意见——来自中国上市公司的经验证据[J]. 审计研究，2010(3)：75-81.

[78] 刘颖斐，张小虎. 企业诉讼风险与审计收费——基于关键审计事项披露视角[J]. 审计与经济研究，2019，34(6)：33-45.

[79] 姜涛，尚鼎. 公司诉讼风险对审计决策的影响研究——基于异常审计费用和审计意见的证据[J]. 南京审计大学学报，2020，17(3)：13-22.

[80] 刘慧，张俊瑞，孙嘉楠. 上市公司未决诉讼、法律环境与审计报告时滞[J]. 审计研究，2018(3)：112-120.

[81] SANJAI B，ROBERTA R. Event studies and the law：Part Ⅰ：technique and corporate litigation[J]. American law and economics review，2002，4(1)：141-167.

[82] ENGLEMANN K，CORNELL B. Measuring the cost of corporate litigation：five case studies[J]. The journal of legal studies，1988，17(2)：377-399.

[83] 王彦超，姜国华，辛清泉. 诉讼风险、法制环境与债务成本[J]. 会计研究，2016(6)：30-37，94.

[84] 司海平，陈舒欢，苗妙. 企业诉讼、信号传递与融资约束[J]. 中国经济问题，2021(6)：156-168.

[85] 苗妙，邓肖娟. 诉讼风险、资金持有与企业资产配置[J]. 经济理论与经济管理，2019(6)：70-86.

[86] 秦帅，刘琪. 诉讼风险与上市公司审计意见购买——基于融资困境的视角[J]. 当代财经，2019(9)：121-133.

[87] GANDE A，LEWIS C M. Shareholder-initiated class action lawsuits：shareholder wealth effects and industry spillovers[J]. Journal of financial and quantitative analysis，2009，44(4)：823-850.

[88] 周开国，俞国栋，郑倩昀. 被诉讼事件披露、股票市场反应与盈余管理[J]. 上海金融，2015(9)：14，73-80.

[89] FIRTH M, RUI O M, WU W F. The effects of political connections and state ownership on corporate litigation in China[J]. The journal of law and economics, 2011,54(3): 573-607.

[90] HEALY P M, PALEPU K G. Information asymmetry, corporate disclosure, and the capital markets: a review of the empirical disclosure literature[J]. Social science electronic publishing, 2001, 31(1): 405-440.

[91] CAO Z, NARAYANAMOORTHY G S. The effect of litigation risk on management earnings forecasts[J]. Contemporary accounting research, 2011, 28(1): 125-173.

[92] NAUGHTON J P, RUSTICUS T O, WANG C, et al. Private litigation costs and voluntary disclosure: evidence from the Morrison ruling[J]. The accounting review, 2019, 94(3): 303-327.

[93] 李从刚,许荣.董事高管责任保险、诉讼风险与自愿性信息披露——来自A股上市公司的经验证据[J].山西财经大学学报,2019,41(11): 112-126.

[94] ROGERS J L, BUSKIRK A V. Shareholder litigation and changes in disclosure behavior[J]. Journal of accounting and economics, 2009, 47(1): 136-156.

[95] BILLINGS M B, CEDERGREN M C. Strategic silence, insider selling and litigation risk[J]. Journal of accounting and economics, 2015(59): 119-142.

[96] 祝继高.会计稳健性与债权人利益保护——基于银行与上市公司关于贷款的法律诉讼的研究[J].会计研究,2011(5): 50-57,96.

[97] 王彦超,王语嫣.债权人诉讼是如何影响企业现金持有行为的?[J].会计研究,2018(7): 35-42.

[98] 王彦超,姜国华.资金占用、民事诉讼与债权人保护[J].管理评论,2016,28(1): 191-204.

[99] 戴亦一,彭镇,潘越.企业慈善捐赠:诉讼风险下的自我救赎[J].厦门大学学报(哲学社会科学版),2016(2): 122-131.

[100] FAZZARI S, HUBBARD R G, PETERSEN B C. Financing constraints and corporate investment[R]. NBER Working Papers, 1987.

[101] 程小可,杨程程,姚立杰.内部控制、银企关联与融资约束——来自中国上市公司的经验证据[J].审计研究,2013(5): 80-86.

[102] 顾奋玲,解角羊.内部控制缺陷、审计师意见与企业融资约束——基于中国A股主板上市公司的经验数据[J].会计研究,2018(12): 77-84.

[103] 石晓军,张顺明.商业信用、融资约束及效率影响[J].经济研究,2010,45(1): 102-114.

[104] 陈晓红,高阳洁.企业家人口统计特征对中小企业融资约束的影响机制研究[J].科研管理,2013,34(12): 110-119.

[105] 张涛,郭潇.高管薪酬契约与融资约束研究——基于我国沪深A股上市公司的经验数据[J].经济与管理评论,2018,34(1): 96-107.

[106] 王家庭,赵亮.我国上市公司的融资约束及其影响因素的实证分析[J].产业经济

研究,2010(3):77-84.
[107] 庞廷云,罗福凯,李启佳.混合股权影响企业融资约束吗——来自中国上市公司的经验证据[J].山西财经大学学报,2019,41(5):94-107.
[108] 宫义飞,夏艳春.持续经营审计意见、分析师跟踪与融资约束[J].财经理论与实践,2019,40(3):94-100.
[109] 朱凯,陈信元.金融发展、审计意见与上市公司融资约束[J].金融研究,2009(7):66-80.
[110] 叶康涛,祝继高.银根紧缩与信贷资源配置[J].管理世界,2009(1):22-28,188.
[111] 武晓芬,梁安琪,李飞,等.制度信用环境、融资约束和企业创新[J].经济问题探索,2018(12):70-80.
[112] 于蔚,汪淼军,金祥荣.政治关联和融资约束:信息效应与资源效应[J].经济研究,2012,47(9):125-139.
[113] 甄红线,王谨乐.机构投资者能够缓解融资约束吗?——基于现金价值的视角[J].会计研究,2016(12):51-57,96.
[114] 吕玉芹.中小高科技企业R&D融资问题探讨[J].会计研究,2005(4):69-72,96.
[115] 康志勇.融资约束、政府支持与中国本土企业研发投入[J].南开管理评论,2013,16(5):61-70.
[116] 代红苗,田丽娜,张新.创业板上市公司R&D投资融资约束的实证检验——现金流敏感性视角[J].商业经济,2014(5):67-70.
[117] 解维敏,方红星.金融发展、融资约束与企业研发投入[J].金融研究,2011(5):171-183.
[118] 张杰,芦哲,郑文平,等.融资约束、融资渠道与企业R&D投入[J].世界经济,2012,35(10):66-90.
[119] 蔡地,万迪昉.制度环境影响企业的研发投入吗?[J].科学学与科学技术管理,2012,33(4):121-128.
[120] 卢馨,郑阳飞,李建明.融资约束对企业R&D投资的影响研究——来自中国高新技术上市公司的经验证据[J].会计研究,2013(5):51-58,96.
[121] 鞠晓生,卢荻,虞义华.融资约束、营运资本管理与企业创新可持续性[J].经济研究,2013,48(1):4-16.
[122] 曹献飞.融资约束与企业研发投资——基于企业层面数据的实证研究[J].软科学,2014,28(12):73-78.
[123] 周开国,卢允之,杨海生.融资约束、创新能力与企业协同创新[J].经济研究,2017,52(7):94-108.
[124] 王雅琦,卢冰.汇率变动、融资约束与出口企业研发[J].世界经济,2018,41(7):75-97.
[125] 刘海飞,贺晓宇.金融集聚、政府干预与企业创新行为——基于中国制造业企业的微观证据[J].财经论丛,2017(8):104-112.
[126] 康华,扈文秀,吴祖光,等.基于制度观的国家创新体系对企业研发投入的影响研

究——来自A股上市公司的证据[J]. 科技进步与对策，2015，32(13)：82-87.
[127] 贺炎林，朱伟豪. 财政补贴对研发投入的影响——基于政企关系的视角[J]. 科技管理研究，2017，37(11)：28-36.
[128] 潘亚岚，蒋华. 财税激励政策影响企业R&D投入的实证分析[J]. 财会月刊，2012(33)：14-17.
[129] 党力，杨瑞龙，杨继东. 反腐败与企业创新：基于政治关联的解释[J]. 中国工业经济，2015(7)：146-160.
[130] 权小锋，尹洪英. 风险投资持股对股价崩盘风险的影响研究[J]. 科研管理，2017，38(12)：89-98.
[131] 黎文靖，郑曼妮. 实质性创新还是策略性创新？——宏观产业政策对微观企业创新的影响[J]. 经济研究，2016，51(4)：60-73.
[132] HE J J，TIAN X. The dark side of analyst coverage：the case of innovation[J]. Journal of financial economics，2013，109(3)：856-878.
[133] 倪骁然，朱玉杰. 劳动保护、劳动密集度与企业创新——来自2008年《劳动合同法》实施的证据[J]. 管理世界，2016(7)：154-167.
[134] 马光荣，刘明，杨恩艳. 银行授信、信贷紧缩与企业研发[J]. 金融研究，2014(7)：76-93.
[135] 余明桂，钟慧洁，范蕊. 分析师关注与企业创新——来自中国资本市场的经验证据[J]. 经济管理，2017，39(3)：175-192.
[136] 李春涛，宋敏，张璇. 分析师跟踪与企业盈余管理——来自中国上市公司的证据[J]. 金融研究，2014(7)：124-139.
[137] CHENG Q，DU F，WANG X，et al. Seeing is believing：analysts' corporate site visits[J]. Review of accounting studies，2016，21(4)：1245-1286.
[138] 伊志宏，朱琳，陈钦源. 分析师研究报告负面信息披露与股价暴跌风险[J]. 南开管理评论，2019，22(5)：192-206.
[139] 张纯，吕伟. 信息披露、市场关注与融资约束[J]. 会计研究，2007(11)：32-38，95.
[140] 韩少真，李辉，潘颖. 内部控制、制度环境与技术创新[J]. 科学管理研究，2015，33(6)：24-27.
[141] 张晓红，朱明侠，王皓. 内部控制、制度环境与企业创新[J]. 中国流通经济，2017，31(5)：87-95.
[142] 温军，冯根福，刘志勇. 异质债务、企业规模与R&D投入[J]. 金融研究，2011(1)：167-181.
[143] 唐清泉，巫岑. 银行业结构与企业创新活动的融资约束[J]. 金融研究，2015(7)：116-134.
[144] 张一林，龚强，荣昭. 技术创新、股权融资与金融结构转型[J]. 管理世界，2016(11)：65-80.
[145] 李春涛，郭培培，张璇. 知识产权保护、融资途径与企业创新——基于跨国微观数据的分析[J]. 经济评论，2015(1)：77-91.

[146] 尹志锋,叶静怡,黄阳华,等.知识产权保护与企业创新:传导机制及其检验[J].世界经济,2013,36(12):111-129.

[147] 吴超鹏,唐菂.知识产权保护执法力度、技术创新与企业绩效——来自中国上市公司的证据[J].经济研究,2016,51(11):125-139.

[148] 赵西亮,李建强.劳动力成本与企业创新——基于中国工业企业数据的实证分析[J].经济学家,2016(7):41-49.

[149] 王文春,荣昭.房价上涨对工业企业创新的抑制影响研究[J].经济学(季刊),2014,13(2):465-490.

[150] 张杰,杨连星,新夫.房地产阻碍了中国创新么?——基于金融体系贷款期限结构的解释[J].管理世界,2016(5):64-80.

[151] 戴魁早,刘友金.要素市场扭曲如何影响创新绩效[J].世界经济,2016,39(11):54-79.

[152] 苏依依,周长辉.企业创新的集群驱动[J].管理世界,2008(3):94-104.

[153] 郝云宏,鲁银梭.影响企业创新投入的内部治理机制研究[J].学习与探索,2013(3):112-117.

[154] 禹心郭,李瑞,任颋.混合所有制结构、CEO来源与企业创新绩效[J].南京财经大学学报,2018(1):1-10,35.

[155] 罗正英,李益娟,常昀.民营企业的股权结构对R&D投资行为的传导效应研究[J].中国软科学,2014(3):167-176.

[156] 鲁桐,党印.中国中小上市公司治理与绩效关系研究[J].金融评论,2014,6(4):1-17,123.

[157] 冯根福,温军.中国上市公司治理与企业技术创新关系的实证分析[J].中国工业经济,2008(7):91-101.

[158] 鲁桐,党印.公司治理与技术创新:分行业比较[J].经济研究,2014,49(6):115-128.

[159] 唐清泉,甄丽明.管理层风险偏爱、薪酬激励与企业R&D投入——基于我国上市公司的经验研究[J].经济管理,2009,31(5):56-64.

[160] 余琰,李怡宗.高息委托贷款与企业创新[J].金融研究,2016,430(4):99-114.

[161] 罗思平,于永达.技术转移、"海归"与企业技术创新——基于中国光伏产业的实证研究[J].管理世界,2012(11):124-132.

[162] 易靖韬,张修平,王化成.企业异质性、高管过度自信与企业创新绩效[J].南开管理评论,2015,185(6):101-112.

[163] 赵晶,孟维烜.官员视察对企业创新的影响——基于组织合法性的实证分析[J].中国工业经济,2016(9):109-126.

[164] 黄俊,陈信元.集团化经营与企业研发投资——基于知识溢出与内部资本市场视角的分析[J].经济研究,2011,519(6):80-92.

[165] 吴延兵.不同所有制企业技术创新能力考察[J].产业经济研究,2014,69(2):53-64.

[166] 池仁勇.企业技术创新效率及其影响因素研究[J].数量经济技术经济研究,2003(6):105-108.

[167] 董晓庆,赵坚,袁朋伟.国有企业创新效率损失研究[J].中国工业经济,2014(2):97-108.

[168] 李汇东,唐跃军,左晶晶.用自己的钱还是用别人的钱创新?——基于中国上市公司融资结构与公司创新的研究[J].金融研究,2013(2):170-183.

[169] 万奇缘.金融生态环境、融资约束与企业创新能力的关系研究[D].西安:西安理工大学,2020.

[170] 叶陈刚,刘猛.分析师关注、产权性质与盈余管理路径[J].中南财经政法大学学报,2018(3):33-42,159.

[171] 张芳芳,陈习定.分析师覆盖与真实活动操控——来自中国上市公司的证据[J].经济管理,2015,37(9):92-102.

[172] 张宗新,周嘉嘉.分析师关注能否提高上市公司信息透明度?——基于盈余管理的视角[J].财经问题研究,2019(12):49-57.

[173] 伊志宏,杨圣之,陈钦源.分析师能降低股价同步性吗——基于研究报告文本分析的实证研究[J].中国工业经济,2019(1):156-173.

[174] 伊志宏,李颖,江轩宇.女性分析师关注与股价同步性[J].金融研究,2015(11):175-189.

[175] 周铭山,林靖,许年行.分析师跟踪与股价同步性——基于过度反应视角的证据[J].管理科学学报,2016,19(6):49-73.

[176] 官峰,王俊杰,章贵桥.政商关系、分析师预测与股价同步性——基于腐败官员落马的准自然实验[J].财经研究,2018,44(7):114-125.

[177] 曹新伟,洪剑峭,贾琬娇.分析师实地调研与资本市场信息效率——基于股价同步性的研究[J].经济管理,2015,37(8):141-150.

[178] 冯旭南,李心愉.中国证券分析师能反映公司特质信息吗?——基于股价波动同步性和分析师跟进的证据[J].经济科学,2011(4):99-106.

[179] 张莹.分析师跟进能否发挥外部治理作用——基于两权分离与过度投资关系的实证分析[J].经济经纬,2019,36(2):102-109.

[180] 张宗新,杨万成.声誉模式抑或信息模式:中国证券分析师如何影响市场?[J].经济研究,2016,51(9):104-117.

[181] 汪弘,罗党论,林东杰.行业分析师的研究报告对投资决策有用吗?——来自中国A股上市公司的经验证据[J].证券市场导报,2013(7):36-43.

[182] 刘静,林树.独立分析师与关联分析师的相互作用[J].海南大学学报(人文社会科学版),2019,37(2):54-62.

[183] 翟胜宝,张雯,曹源,等.分析师跟踪与审计意见购买[J].会计研究,2016(6):86-93,95.

[184] 原红旗.关联交易问题研究[J].上海立信会计学院学报,2008(3):19-25,97.

[185] 曹胜,朱红军.王婆贩瓜:券商自营业务与分析师乐观性[J].管理世界,2011(7):

20-30.

[186] 姜波,周铭山.参股基金公司持股与分析师乐观性[J].财经研究,2015,41(1):118-131.

[187] 吴超鹏,郑方镳,杨世杰.证券分析师的盈余预测和股票评级是否具有独立性?[J].经济学(季刊),2013,12(3):935-958.

[188] 林翔.对中国证券咨询机构预测的分析[J].经济研究,2000(2):56-65.

[189] 管总平,黄文锋.证券分析师特征、利益冲突与盈余预测准确性[J].中国会计评论,2012(4):371-394.

[190] 赵良玉,李增泉,刘军霞.管理层偏好、投资评级乐观性与私有信息获取[J].管理世界,2013(4):33-47,187-188.

[191] 方红星,陈作华.高质量内部控制能有效应对特质风险和系统风险吗?[J].会计研究,2015(4):70-77,96.

[192] 池国华,朱俊卿.内部控制制度能治理高管腐败吗——来自国有上市公司的实证研究[J].广东财经大学学报,2019,34(1):46-59.

[193] 杨德明,史亚雅.内部控制质量会影响企业战略行为么?——基于互联网商业模式视角的研究[J].会计研究,2018(2):69-75.

[194] 王永海,石青梅.内部控制规范体系对公司风险承受是否具有抑制效应?——中国版"萨班斯"法案强制实施的风险后果分析[J].审计研究,2016(3):90-97.

[195] 黄华.企业风险承担与内部控制:从"灵丹妙药"到"机会主义"[J].经济与管理研究,2019,40(7):116-127.

[196] 范经华,张雅曼,刘启亮.内部控制、审计师行业专长、应计与真实盈余管理[J].会计研究,2013(4):81-88,96.

[197] 刘红梅,刘琛,王克强.内部控制缺陷、外部审计意见与真实盈余管理——基于新三板公司的实证研究[J].财经论丛,2018(7):80-87.

[198] 肖华,张国清.内部控制质量、盈余持续性与公司价值[J].会计研究,2013(5):73-80,96.

[199] 李万福,林斌,宋璐.内部控制在公司投资中的角色:效率促进还是抑制?[J].管理世界,2011(2):81-99,188.

[200] 周中胜,罗正英,周秀园,等.内部控制、企业投资与公司期权价值[J].会计研究,2017(12):38-44,96.

[201] 王亚男,戴文涛.内部控制抑制还是促进企业创新?——中国的逻辑[J].审计与经济研究,2019,34(6):19-32.

[202] 陈红,纳超洪,雨田木子,等.内部控制与研发补贴绩效研究[J].管理世界,2018,34(12):149-164.

[203] 周雪峰,王卫.内部控制对企业创新投资的影响研究:综述及展望[J].财会通讯,2019(12):87-92.

[204] 郑军,林钟高,彭琳.金融发展、内控质量与银行贷款——来自中国上市公司的经验证据[J].财贸研究,2013,24(6):142-151.

[205] 单华军.内部控制、公司违规与监管绩效改进——来自2007—2008年深市上市公司的经验证据[J].中国工业经济,2010(11):140-148.

[206] 马永强,路媛媛.企业异质性、内部控制与技术创新绩效[J].科研管理,2019,40(5):134-144.

[207] 张娟,黄志忠.内部控制、技术创新和公司业绩——基于我国制造业上市公司的实证分析[J].经济管理,2016,38(9):120-134.

[208] 张时坤.融资约束、金融市场化与企业出口行为[J].管理世界,2018,34(12):175-176.

[209] 纪亚方,栾甫贵,丁一.公司诉讼与审计收费——基于经营风险的中介效应[J].管理学刊,2020,33(3):48-60.

[210] 周开国,俞国栋,郑倩昀.被诉讼事件披露、股票市场反应与盈余管理[J].上海金融,2015(9):14,73-80.

[211] 廖佳,苏冬蔚.上市公司负面声誉与分析师关注:"趋之若鹜"抑或"避之若浼"[J].会计研究,2021(8):38-53.

[212] 李梅,蔡昌,倪筱楠.大股东减持、分析师关注与公司盈余管理[J].山西财经大学学报,2021,43(9):111-126.

[213] GIRALDO M. Dynamics of analysts' coverage and the firms' information environment[J]. International review of financial analysis,2011,20(5):345-354.

[214] 薛祖云,王冲.信息竞争抑或信息补充:证券分析师的角色扮演——基于我国证券市场的实证分析[J].金融研究,2011(11):167-182.

[215] 刘星,陈西婵.证监会处罚、分析师跟踪与公司银行债务融资——来自信息披露违规的经验证据[J].会计研究,2018(1):60-67.

[216] 李燕媛."管理层讨论与分析"信息披露质量——来自沪深300指上市公司2003—2007年的证据[J].山西财经大学学报,2012,34(12):92-104.

[217] 吴东辉,薛祖云.财务分析师盈利预测的投资价值:来自深沪A股市场的证据[J].会计研究,2005(8):37-43,96.

[218] 林晚发,李国平,王海妹,等.分析师预测与企业债券信用利差——基于2008—2012年中国企业债券数据[J].会计研究,2013(8):69-75,97.

[219] 吴育辉,黄飘飘,陈维,等.产品市场竞争优势、资本结构与商业信用支持——基于中国上市公司的实证研究[J].管理科学学报,2017,20(5):51-65.

[220] GOMULYA D,BOEKER W. How firms respond to financial restatement:CEO successors and external reactions[J]. Academy of management journal,2014,57(6):1759-1785.

[221] FULLER J,JENSEN M C. Just say no to Wall Street:putting a stop to the earnings game[J]. Journal of applied corporate finance,2010,22(1):59-63.

[222] 李春涛,赵一,徐欣,等.按下葫芦浮起瓢:分析师跟踪与盈余管理途径选择[J].金融研究,2016(4):144-157.

[223] 鲁桐,党印.投资者保护、行政环境与技术创新:跨国经验证据[J].世界经济,

2015,38(10):99-124.

[224] 李万福,赵青扬,张怀,等.内部控制与异质机构持股的治理效应[J].金融研究,2020(2):188-206.

[225] 王运陈,逯东,宫义飞.企业内部控制提高了R&D效率吗?[J].证券市场导报,2015(1):39-45.

[226] 徐欣,唐清泉.财务分析师跟踪与企业R&D活动——来自中国证券市场的研究[J].金融研究,2010(12):173-189.

[227] 周泽将,王颖.财务分析师在R&D支出中的功能分析与经济后果——基于中国资本市场A股上市公司的实证检验[J].北京工商大学学报(社会科学版),2018,33(4):65-74.

[228] 郝项超,梁琪,李政.融资融券与企业创新:基于数量与质量视角的分析[J].经济研究,2018,53(6):127-141.

[229] CHEN P F, HE S, MA Z, et al. The information role of audit opinions in debt contracting[J]. Journal of accounting and economics,2016,61(1):121-144.

[230] PALMROSE Z V, RICHARDSON V J, SCHOLZ S. Determinants of market reactions to restatement announcements[J]. Journal of accounting and economics,2004,37(1):59-89.

[231] 魏锋,薛飞.债权人权利保护法律颁布的市场反应——基于法和金融理论的研究[J].财经研究,2010,36(4):134-143.

[232] 林斌,周美华,舒伟.内部控制、公司诉讼与债务契约——基于A股市场的经验研究[J].审计与经济研究,2015,30(3):3-11.

[233] 王彦超,陈思琪.关联担保的债务风险转移[J].中国工业经济,2017(8):120-137.

[234] SMEETS R. Does patent litigation reduce corporate R&D? an analysis of US public firms[J]. An analysis of US public firms,2014.

[235] ROMANO R. The shareholder suit: litigation without foundation[J]. The journal of law, economics and organization,1991,7(1):55-87.

[236] COFFEE J. Liquidity versus control: the institutional investor as corporate monitor[J]. Columbia law review,1991,91(6):1277.

[237] CHENG C S A, HUANG H H, LI Y, et al. Institutional monitoring through shareholder litigation[J]. Journal of financial economics,2010,95(3):356-383.

[238] NI X, YIN S. Shareholder litigation rights and the cost of debt: evidence from derivative lawsuits[J]. Journal of corporate finance,2018,48:169-186.

[239] WHITED T M. Debt, liquidity constraints, and corporate investment: evidence from panel data[J]. The journal of finance,1992,47(4):1425-1460.

[240] 谭之博,赵岳.银行集中度、企业储蓄与经常账户失衡[J].经济研究,2012,47(12):55-68.

[241] AN Z, LI D, YU J. Firm crash risk, information environment, and speed of leverage adjustment[J]. Journal of corporate finance,2015,31:132-151.

[242] WHITED T M, WU G. Financial constraints risk[J]. The review of financial studies, 2006, 19(2): 531-559.

[243] 方明月. 市场竞争、财务约束和商业信用——基于中国制造业企业的实证分析[J]. 金融研究, 2014(2): 111-124.

[244] 苏志强, 杜云晗. 商业信用、融资约束与公司价值[J]. 财经理论与实践, 2015, 36(4): 28-32.

[245] 邓建平, 曾勇. 金融关联能否缓解民营企业的融资约束[J]. 金融研究, 2011(8): 78-92.

[246] 姜付秀, 石贝贝, 马云飙. 信息发布者的财务经历与企业融资约束[J]. 经济研究, 2016, 51(6): 83-97.

[247] 洪怡恬. 银企和政企关系、企业所有权性质与融资约束[J]. 宏观经济研究, 2014(9): 115-125.

[248] 魏志华, 曾爱民, 李博. 金融生态环境与企业融资约束——基于中国上市公司的实证研究[J]. 会计研究, 2014(5): 73-80, 95.

[249] 沈红波, 寇宏, 张川. 金融发展、融资约束与企业投资的实证研究[J]. 中国工业经济, 2010(6): 55-64.

[250] 胡援成, 卢凌. 机构投资者、企业融资约束与超额现金持有[J]. 当代财经, 2019(2): 62-72.

[251] 顾群, 翟淑萍. 信息披露质量、代理成本与企业融资约束——来自深圳证券市场的经验证据[J]. 经济与管理研究, 2013(5): 43-48.

[252] 张标. 信披质量、融资约束与公司现金策略研究[J]. 证券市场导报, 2014(8): 38-45, 52.

[253] 钱明, 徐光华, 沈弋. 社会责任信息披露、会计稳健性与融资约束——基于产权异质性的视角[J]. 会计研究, 2016(5): 9-17, 95.

[254] 钱国根. 信息环境、媒体关注与上市公司融资约束——基于中国资本市场的证据[J]. 上海金融, 2016(8): 61-67.

[255] 吴红军, 刘啟仁, 吴世农. 公司环保信息披露与融资约束[J]. 世界经济, 2017, 40(5): 124-147.

[256] GOSS A, ROBERTS G S. The impact of corporate social responsibility on the cost of bank loans[J]. Journal of banking & finance, 2011, 35(7): 1794-1810.

[257] DHALIWAL D S, LI O Z, TSANG A, et al. Voluntary nonfinancial disclosure and the cost of equity capital: the initiation of corporate social responsibility reporting [J]. The accounting review, 2011, 86(1): 59-100.

[258] 何贤杰, 肖土盛, 陈信元. 企业社会责任信息披露与公司融资约束[J]. 财经研究, 2012, 38(8): 60-71, 83.

[259] 田利辉, 王可第. 公司慈善捐赠的"信号传递"动机——基于一项自然实验的考察[J]. 中南财经政法大学学报, 2019(3): 138-147.

[260] 黄志忠, 谢军. 宏观货币政策、区域金融发展和企业融资约束——货币政策传导机

制的微观证据[J]. 会计研究,2013(1):63-69,96.

[261] 綦好东,曹伟,赵璨. 货币政策、地方政府质量与企业融资约束——基于货币政策传导机制影响的研究[J]. 财贸经济,2015(4):32-45.

[262] 胡立新,史佳晶. 货币政策调整、融资约束与上市公司投资研究[J]. 商业会计,2014(4):97-99.

[263] 张朝洋,胡援成. 货币政策调整、公司融资约束与宏观审慎管理——来自中国上市公司的经验证据[J]. 中国经济问题,2017(5):107-119.

[264] 危平,毛晓丹. 高管网络能否缓解企业跨国并购面临的融资约束——来自中国的经验证据[J]. 国际贸易问题,2017(6):83-93.

[265] 毛新述,周小伟. 政治关联与公开债务融资[J]. 会计研究,2015(6):26-33,96.

[266] 佟爱琴,王玉婷. 政治关联、会计信息质量与民营企业融资约束——来自我国民营上市公司的经验证据[J]. 广西财经学院学报,2016,29(1):59-66.

[267] 宫义飞,郭兰. 分析师跟踪、所有权性质与融资约束——基于不同产权主体的研究[J]. 经济管理,2012,34(1):129-137.

[268] 严若森,叶云龙. 证券分析师跟踪与企业双重代理成本——基于中国 A 股上市公司的经验证据[J]. 中国软科学,2017(10):173-183.

[269] 朱红军,何贤杰,陶林. 中国的证券分析师能够提高资本市场的效率吗——基于股价同步性和股价信息含量的经验证据[J]. 金融研究,2007(2):110-121.

[270] 陈钦源,马黎珺,伊志宏. 分析师跟踪与企业创新绩效——中国的逻辑[J]. 南开管理评论,2017,20(3):15-27.

[271] BHUSHAN R. Firm characteristics and analyst following[J]. Journal of accounting and economics,1989,11(2-3):255-274.

[272] BRENNAN M J,JEGADEESH N,SWAMINATHAN B. Investment analysis and the adjustment of stock prices to common information[J]. The review of financial studies,1993,6(4):799-824.

[273] AMIR E,LEV B,SOUGIANNIS T. What value analysts? [J]. Available at SSRN 193428,1999.

[274] BARTH M E,KASZNIK R,MCNICHOLS M F. Analyst coverage and intangible assets[J]. Journal of accounting research,2001,39(1):1-34.

[275] HUANG A H,ZANG A Y,ZHENG R. Evidence on the information content of text in analyst reports[J]. The accounting review,2014,89(6):2151-2180.

[276] EASLEY D,O'HARA M. Information and the cost of capital[J]. The journal of finance,2004,59(4):1553-1583.

[277] BOWEN R M,CHEN X,CHENG Q. Analyst coverage and the cost of raising equity capital: evidence from underpricing of seasoned equity offerings[J]. Contemporary accounting research,2008,25(3):657-700.

[278] 杨有红,闫珍丽. 其他综合收益及其列报改进是否提高了盈余透明度?——分析师行为及股价同步性的证据[J]. 会计研究,2018(4):20-27.

[279] 黄波,王满,于浩洋.分析师预测质量影响了债务融资成本吗?——来自我国上市公司的经验证据[J].金融评论,2018,10(2):56-72,124.

[280] 钱爱民,张晨宇.政治冲击、不确定性风险与商业信贷合约[J].山西财经大学学报,2016,38(5):22-32.

[281] 黄波,王满.分析师跟踪影响了商业信用融资吗——基于我国上市公司的实证分析[J].山西财经大学学报,2018,40(8):42-55.

[282] BALL R, SHIVAKUMAR L. How much new information is there in earnings? [J]. Journal of accounting research, 2008, 46(5): 975-1016.

[283] IRANI R M, OESCH D. Monitoring and corporate disclosure: evidence from a natural experiment[J]. Journal of financial economics, 2013, 109(2): 398-418.

[284] IRANI R M, OESCH D. Analyst coverage and real earnings management: quasi-experimental evidence[J]. Journal of financial and quantitative analysis, 2016, 51(2): 589-627.

[285] CHEN T, HARFORD J, LIN C. Do analysts matter for governance? evidence from natural experiments[J]. Journal of financial economics, 2015, 115(2): 383-410.

[286] 刘晔,肖斌卿.分析师跟进、管理层持股与公司价值——基于联立方程组模型的实证检验[J].南方经济,2009(3):62-72.

[287] 刘笑霞,李明辉.媒体负面报道、分析师跟踪与税收激进度[J].会计研究,2018(9):64-71.

[288] 金德环,莫小东.信息改善、信息误导还是有限关注[J].统计与信息论坛,2015,30(5):37-43.

[289] LI K K, YOU H. What is the value of sell-side analysts? evidence from coverage initiations and terminations[J]. Journal of accounting and economics, 2015, 60(2-3): 141-160.

[290] GRAHAM J R, HARVEY C R, RAJGOPAL S. The economic implications of corporate financial reporting[J]. Journal of accounting and economics, 2005, 40(1-3): 3-73.

[291] ASKER J, FARRE-MENSA J, LJUNGQVIST A. Comparing the investment behavior of public and private firms[R]. New York: National Bureau of Economic Research, 2011.

[292] 夏子航,辛宇,谢伟.公司诉讼、母子公司距离与集团债务分布[J].中山大学学报(社会科学版),2019,59(1):166-176.

[293] 陈思琪,王彦超.债权人诉讼、审计质量与控制权变更[J].审计研究,2018(6):48-55.

[294] 方军雄.我国上市公司信息披露透明度与证券分析师预测[J].金融研究,2007(6):136-148.

[295] 丘心颖,郑小翠,邓可斌.分析师能有效发挥专业解读信息的作用吗?——基于汉字年报复杂性指标的研究[J].经济学(季刊),2016,15(4):1483-1506.

[296] 李燕媛."管理层讨论与分析"信息披露——基于供应链构建与解构的多维审视[J].中南财经政法大学学报,2012(4):101-106.

[297] 吴秋生,黄贤环.财务公司的职能配置与集团成员上市公司融资约束缓解[J].中国工业经济,2017(9):156-173.

[298] 刘莉亚,何彦林,王照飞,等.融资约束会影响中国企业对外直接投资吗?——基于微观视角的理论和实证分析[J].金融研究,2015(8):124-140.

[299] 俞国栋,周开国,郑倩昀.法律诉讼与公司财务政策[J].证券市场导报,2015(12):27-35.

[300] 陆正飞,祝继高,孙便霞.盈余管理、会计信息与银行债务契约[J].管理世界,2008(3):152-158.

[301] 葛结根.并购对目标上市公司融资约束的缓解效应[J].会计研究,2017(8):68-73,95.

[302] 姜付秀,王运通,田园,等.多个大股东与企业融资约束——基于文本分析的经验证据[J].管理世界,2017(12):61-74.

[303] 李从刚,许荣.董事高管责任保险、诉讼风险与自愿性信息披露——来自A股上市公司的经验证据[J].山西财经大学学报,2019,41(11):112-126.

[304] 李晓溪,饶品贵,岳衡.年报问询函与管理层业绩预告[J].管理世界,2019,35(8):173-188,192.

[305] 刘慧,张俊瑞,周键.诉讼风险、法律环境与企业债务融资成本[J].南开管理评论,2016,19(5):16-27.

[306] 刘丽华,徐艳萍,饶品贵,等.一损俱损:违规事件在企业集团内的传染效应研究[J].金融研究,2019(6):113-131.

[307] 刘青青,陈宋生.暗送秋波:管理层引导与分析师盈余预测误差[J].南开管理评论,2019,22(5):207-224.

[308] 马黎珺,伊志宏,张澈.廉价交谈还是言之有据?——分析师报告文本的信息含量研究[J].管理世界,2019,35(7):182-200.

[309] 潘越,潘健平,戴亦一.专利侵权诉讼与企业创新[J].金融研究,2016(8):191-206.

[310] 肖作平,邓春梅.法律诉讼、政治关系与银行贷款契约——来自中国民营上市公司的经验证据[J].证券市场导报,2019(10):4-14.

[311] 许汝俊,侯衡.分析师跟踪网络环境、异质性与融资决策同伴行为[J].山西财经大学学报,2020,42(2):99-113.

[312] 游家兴,张哲远.财务分析师公司治理角色研究——文献综述与研究展望[J].厦门大学学报(哲学社会科学版),2016(5):128-136.

[313] 曾庆生,程博.影响公司高管交易行为内部差异的因素:"信息优势"还是"收入补偿动机"[J].南开管理评论,2019,22(6):127-139.

[314] 翟淑萍,袁克丽.分析师实地调研能缓解企业融资约束吗[J].山西财经大学学报,2020,42(1):113-126.

[315] 张纯,吕伟.信息环境、融资约束与现金股利[J].金融研究,2009(7):81-94.
[316] 张纯,吕伟.机构投资者、终极产权与融资约束[J].管理世界,2007(11):119-126.
[317] FAULKENDER M,WANG R. Corporate financial policy and the value of cash[J]. The journal of finance,2006,61(4):1957-1990.
[318] HUANG A H,LEHAVY R,ZANG A Y,et al. Analyst information discovery and interpretation roles: a topic modeling approach[J]. Management science, 2017, 64(6):2833-2855.
[319] MYERS S C, MAJLUF N S. Corporate financing and investment decisions when firms have information that investors do not have[J]. Journal of financial economics,1984,13(2):187-221.
[320] 潘越,潘健平,戴亦一.公司诉讼风险、司法地方保护主义与企业创新[J].经济研究,2015,50(3):131-145.
[321] 肖冰,肖尤丹,许可.知识产权司法保护与企业创新的互动机制研究——基于专利侵权诉讼的分析[J].科研管理,2019,40(12):172-181.
[322] 许可,张亚峰,刘海波.所有权性质、知识产权诉讼能力与企业创新[J].管理学报,2019,16(12):1800-1808.
[323] 刘西国,赵莹,李丽华.政府审计、内部控制与企业创新[J].南京审计大学学报,2020(5):1-9.
[324] 孙自愿,潘奕文,陈允晗.高管薪酬激励、内部控制质量与技术创新动态能力[J].中国矿业大学学报(社会科学版),2021,23(2):88-101.
[325] 倪静洁,吴秋生.内部控制有效性与企业创新投入——来自上市公司内部控制缺陷披露的证据[J].山西财经大学学报,2020,42(9):70-84.
[326] 左锐,马晓娟,李玉洁.企业诚信文化、内部控制与创新效率[J].统计与决策,2020,36(9):154-158.
[327] 王嘉鑫.强制性内部控制审计、企业创新与经济增长[J].会计研究,2020(5):166-177.
[328] 杨道广,王佳妮,陈丽蓉."矫枉过正"抑或"合理管控"?——内部控制在企业创新中的作用[J].经济管理,2019,41(8):113-129.
[329] 韩岚岚.创新投入、内部控制与成本粘性[J].经济与管理研究,2018,39(10):131-144.
[330] 许瑜,冯均科,杨菲.媒体关注、内部控制有效性与企业创新绩效[J].财经论丛,2017(12):88-96.
[331] 杨清香,廖甜甜.内部控制、技术创新与价值创造能力的关系研究[J].管理学报,2017,14(8):1190-1198.
[332] 李垣,陈龙波,赵永彬.战略导向、内部控制和技术创新的关系分析[J].预测,2009,28(2):33-36,71.
[333] 王文娜,刘戒骄,张祝恺.研发互联网化、融资约束与制造业企业技术创新[J].经济管理:2020,42(9):127-143.

[334] 杨松令，牛登云，刘亭立，等. 实体企业金融化、分析师关注与内部创新驱动力[J]. 管理科学，2019，32(2)：3-18.

[335] 顾海峰，张欢欢. 企业金融化、融资约束与企业创新——货币政策的调节作用[J]. 当代经济科学，2020，42(5)：74-89.

[336] 严若森，陈静，李浩. 基于融资约束与企业风险承担中介效应的政府补贴对企业创新投入的影响研究[J]. 管理学报，2020，17(8)：1188-1198.

[337] 刘志雄. 母公司控股、融资约束与企业创新投入[J]. 科技进步与对策，2020，37(7)：79-86.

[338] 杨宗翰，雷良海，张一纯. 研发操纵、融资约束与上市公司创新效率[J]. 科技管理研究，2020，40(8)：17-26.

[339] 潘士远，蒋海威. 融资约束对企业创新的促进效应研究[J]. 社会科学战线，2020(5)：242-248.

[340] 芦锋，赵雯雯. 股权异质下的融资约束门槛对企业创新投资的影响研究[J]. 科学决策，2020(6)：1-15.

[341] 胡恒强，范从来，杜晴. 融资结构、融资约束与企业创新投入[J]. 中国经济问题，2020(1)：27-41.

[342] 傅缨捷，朱悦. 融资约束、技术创新与企业能源消耗——基于中国制造业企业调查数据的分析[J]. 投资研究，2020，39(2)：62-74.

[343] 万佳彧，周勤，肖义. 数字金融、融资约束与企业创新[J]. 经济评论，2020(1)：71-83.

[344] 武晓芬，梁安琪，李飞，等. 制度信用环境、融资约束和企业创新[J]. 经济问题探索，2018(12)：70-80.

[345] 武志勇，马永红. 融资约束、创新投入与国际化经营企业价值研究[J]. 科技进步与对策，2019，36(9)：102-109.

[346] 郭联邦，王勇. 金融发展、融资约束与企业创新[J]. 金融发展研究，2020(4)：17-25.

[347] 黄婷婷，高波. 金融发展、融资约束与企业创新[J]. 现代经济探讨，2020(3)：22-32.

[348] 郑军，赵新成. 自主创新、融资约束与企业创新绩效——基于世界银行中国企业调查数据的实证研究[J]. 当代经济，2020(3)：97-101.

[349] 张雁. 交叉上市、融资约束与企业创新[J]. 商业会计，2020(4)：38-41.

[350] 张霞，王蕾. 金融抑制、融资约束与企业创新投资[J]. 会计之友，2020(3)：119-126.

[351] 卢欢. 政府财政补贴、小微企业创新与融资约束水平——基于 A 股上市公司的实证分析[J]. 河北金融，2020(2)：45-50，62.

[352] 李修臣. 企业融资约束与创新绩效研究——基于人力资源社会网络视角[J]. 管理观察，2019(32)：11-12.

[353] 王勇，王亮，宋丹丹. 银行业竞争、融资约束与企业创新——基于沪深 A 股上市公

司的多层统计检验[J]. 财经问题研究,2019(11):55-64.

[354] 吴楚. 融资约束对创新质量的影响[J]. 全国流通经济,2019(24):89-90.

[355] 赵凯莉. 政府支持、融资约束与企业创新文献综述[J]. 现代商业,2019(23):147-148.

[356] 吴晓芬,李莉. 政府科技补助、融资约束与企业创新[J]. 湖南财政经济学院学报,2019,35(4):120-128.

[357] 曾玲玲,徐学仕,韩梦琼,等. 融资约束、金融化与制造业上市企业创新投入[J]. 财会通讯,2019(12):93-97.

[358] 林学梅. 政府补贴方式、融资约束与企业创新——基于节能环保行业上市公司的实证分析[J]. 特区经济,2019(1):55-58.

[359] 武晓芬,梁安琪,李飞,等. 制度信用环境、融资约束和企业创新[J]. 经济问题探索,2018(12):70-80.

[360] 范周乐,何任. 融资约束、机构投资者与企业创新——基于新三板制造业挂牌公司的证据[J]. 中国注册会计师,2018(9):32-36.

[361] 邓翔,李双强,李德山. 政府采购、融资约束与企业创新[J]. 科技进步与对策,2018,35(12):92-98.

[362] 许姗姗,杨栋旭,刘晴. 融资约束、生产率异质性与企业自主创新[J]. 商业经济研究,2017(22):172-174.

[363] 王建英,陈平来. 融资约束、技术创新与高新技术企业产出效应——基于省级面板数据的验证[J]. 科技管理研究,2017,37(20):7-13.

[364] 王宏. 供给侧改革、融资约束与企业创新能力研究[J]. 经济师,2017(9):66-67.

[365] 张璇,刘贝贝,汪婷,等. 信贷寻租、融资约束与企业创新[J]. 经济研究,2017,52(5):161-174.

[366] 董保宝,程松松,张兰. 双元创新研究述评及开展中国情境化研究的建议[J]. 管理学报,2022,19(2):308-316.